平凡社新書
953

# 『陸軍分列行進曲』とふたつの『君が代』

出陣学徒は敵性音楽で戦場に送られた

大山眞人
ŌYAMA MAHITO

HEIBONSHA

『陸軍分列行進曲』とふたつの『君が代』●目次

# はじめに

『陸軍分列行進曲』を聞いたのは、いつの頃だったのか定かではない。聞いたのはテレビの特番だったと思う。

昭和18（1943）年10月21日、明治神宮外苑競技場（現 新国立競技場）で「出陣学徒壮行会」が挙行された。小雨に煙るなか、銃を担ぎながら行進する学徒が延々と映し出されていた。激しく心を揺さぶられたのは、一糸乱れぬ隊列を組みながら整然と行進する学徒の勇姿でもなく、行進する学徒たちを、手を振って送る女学生の姿でもない。また皇居に向かって万歳三唱をするシーンでもなく、『君が代』を斉唱する場面でもなく、演奏された行進曲そのものにだった。

その曲は、荘厳さのなかに深い悲しみを秘めた、まさに出陣する学徒の壮行会に相応しい見事な行進曲だった。わたしはその行進曲に打ち震えた。

高校時代、わたしは吹奏楽部の部員としてさまざまな世界の行進曲を演奏した。たとえば、アメリカの作曲家J・P・スーザの『星条旗よ永遠なれ』『ワシントンポスト』『雷神』や、ドイツの作曲家C・L・ウンラートの『行進曲カール王』、イギリスの作曲家K・J・アルフォードの『銃声』など、何十曲と演奏した経験がある。当然、『軍艦マーチ（正式名称『行進曲 軍艦』）』や『君が代行進曲』『立派な青年（旧名『立派な兵隊』）』などの日本の作曲家の手による行進曲も演奏してきた。

しかし、テレビで聞いたその曲は、世界の行進曲王J・P・スーザやイギリスのG・ホルストにも匹敵するほどの音楽性を秘めたクオリティの高い行進曲だと思った。

当時「全日本吹奏楽コンクール」がスタートしたばかりで、3年間、東北大会までだが参加した経験をもつ。ちなみに大学時代、早稲田大学交響楽団（通称「ワセオケ」）でホルンを吹いたのも、高校時代の延長線上にあったと思う。

その曲が『陸軍分列行進曲』だと知ったのは、雑誌『音楽の友』（音楽之友社）で仕事をすることになってからだった。

編集部のM氏は、当初、曲名を『抜刀隊』であると教えてくれた。M氏は『陸軍分列行進曲』という曲名ではなく、『抜刀隊』といった。

母の介護のため、郷里の山形へ妻とふたりで帰郷してからは、出稼ぎのようにして上京していた時期があった。そして、ノンフィクションの作品の取材をこなしていたある日、M氏が、「あの曲は『抜刀隊』ともいうが、『分列行進曲』、または『陸軍分列行進曲』ともいうらしい」と、さらに「シャルル・ルルーというフランス人が作曲したものだ。昭和18年の出陣学徒壮行会で使われた」ともいった。

小雨煙る神宮外苑……、行進する学徒たち……、演奏する陸軍軍楽隊……、流れる『陸軍分列行進曲』のメロディ……。テレビに映される光景が浮かびあがった。そして、「学徒を戦場に送るのに、敵国の作曲家がつくった行進曲で送る……、ありえない……」とも思った。

それから、いつもそのことがわたしの頭のどこかにあった。インターネットで簡単に情報にアクセスできる時代ではなかった。資料の入手も困難を極めた。

ただ、もっとも衝撃を受けたのは、「敵性音楽で学徒を戦場に送るという事実に対し、どう思うか」と多くの友人に聞いてみるとその大半が、まったく興味を示さなかったことだった。驚いたことに、「べつに……」、という人もいた。つまり関心がないのである。

さらにある日、M氏から、大衆音楽文化研究家の長田暁二著書のコピーをいただいたことがあり、その記事に目が点になった。

昭和十八年、第二次世界大戦中、内閣情報局が敵性国家の音楽一掃を命じた時、アメリカ・イギリスはもちろん、いくら昔、日本陸軍に奉職していた楽長とはいえ、フランス人ルルーの作曲も対象になるはずですが、陸軍の象徴たる「分列行進曲」が消滅しては困るので、作曲者の名前を伏せて堂々と演奏しました。

(『日本軍歌全集』音楽之友社、昭和51年)

とあったのだ。

長田氏の文章をそのまま解釈すれば、当時の内閣情報局自体が、「『陸軍分列行進曲』は敵性音楽だ」と認めていたことになる。それでもあえて使用した背景には、これを使わなければならなかった理由があったはずである。いったいそれは何なのか……。

昭和18年といえば、すでに数多くの行進曲が日本人作曲家の手で発表され、レコード化されていた。なぜ、日本人作曲家の手による行進曲を使わず、フランス人シャルル・ルルーが作曲した行進曲の使用を認めたのか。『抜刀隊』という名称をなぜ『陸軍分列行進曲』に変えたのか。肝心のルルー自身が望んだタイトルだったのか。もともと原題（原曲）があるのではないか。あるとしたら……、どうしてもその曲名を知りたい。謎に満ちた『陸軍分列行進曲』の解明への期待がふくらんでいった。

＊『陸軍分列行進曲』というタイトルは、なぜか戦後につけられたといわれている。戦前には『分列行進曲』という名前でも登場し、頭に「陸軍」は付かない。ただし、わたしは当初から、『陸軍分列行進曲』として頭に入っているため、本書ではこの名称を使わせていただく。なお、本文に出てくる引用文は、読みやすさを優先し、一部、旧字を新字に改めた。

# 第1章　『陸軍分列行進曲』とシャルル・ルルー

## シャルル・ルルーは、なぜ日本国に招聘されたのか

『陸軍分列行進曲』を作曲したとされるフランス人音楽家シャルル・ルルーは、なぜ日本に招聘されたのだろう。

ルルーをはじめ招聘された外国人音楽家に関する資料は非常に少なく、その背景を知るためには『洋楽導入者の軌跡―日本近代洋楽史序説―』（中村理平　刀水書房）を中心に展開せざるを得ないことを最初にお断りしておく。

1853（嘉永6）年、アメリカ東インド艦隊司令長官マシュー・ペリー提督が、合衆国大統領フィルモアの国書を携え、4隻の軍艦を率いて浦賀に来航した。いわゆる「黒船来航」である。

翌年、日米和親条約を締結。ここに270年もつづいた鎖国が事実上廃止された。久里浜に上陸した異国人や巨大な軍艦だけではなく、同行したふた組の軍楽隊による「アメリカ国歌」の演奏にも人々は度肝を抜かれた。日本国民がはじめて聞く西洋音楽だった。小編成の軍楽隊で、『ヘイル・コロンビア』（アメリカの愛国歌）やフォスターの名曲『草競

馬』『おおスザンナ』などが演奏されたと推察されている。

沼津藩士の手島栄之進による、久里浜に上陸したときの軍楽隊の様子を描いた絵が残されている。アメリカの国旗をもつ旗手を先頭に、軍楽隊、その後ろに銃を担いだ兵隊がつづく。軍楽隊といっても総勢９人。楽器編成も、小太鼓、シンバル、フルート（横笛）、コルネット（トランペットを小型にした形状で、トランペットよりやわらかい音色を出す）という小編成である。

巨大軍艦、巨砲という壮大な軍事力、軍楽隊の行進曲に合わせ整然と行進するアメリカ軍を目の当たりにした幕府の役人の心中は、穏やかではいられなかったにちがいない。日本とアメリカの国力の差は歴然としていた。

琉球などで要人を招待した晩餐会でも、演奏会を催した。ここでは、フラジオレット（フルート型の縦笛）、オーボエ、クラリネット、コルネットの独奏を披露したとある（『遠征記』）。小編成の軍楽隊ばかりではなく、演奏会用のプログラムも無難にこなした。編成も自由に変えられる編曲のスキルもあった。ペリー艦隊は、久里浜をはじめ、横浜、箱館（函館）でも市中を行進し、演奏会を開いた。

明治政府もまた、軍隊には軍楽隊の存在が欠かせないと強く感じていた。政府の官僚たちは、先進国の軍楽隊の教師を雇い入れることで、手っ取り早く軍楽隊養成の底上げを図ろうと考えた。シャルル・ルルーが着任するまでにも、ジョン・ウィリアム・フェントン（イギリス）、フランツ・エッケルト（ドイツ）、ギュスターヴ・シャルル・ダグロン（フランス）などの「お雇い外国人音楽家」が来日し、日本の軍楽隊を指導してきた。しかし即席の軍楽隊では、圧倒的に読譜力（楽譜を読み込む力）も、楽器の演奏能力にも欠けていた。陸軍はおもにイギリス、フランスの軍楽隊の音楽を、海軍はドイツの軍楽隊の音楽を模した。

明治17（1884）年、第3次フランス軍事顧問団の一員として来日したのがフランス人音楽家シャルル・ルルーだった。

シャルル・ルルー（シャルル・エドゥアール・ガブリエル・ルルー）は、1851（嘉永4）年、フランスの首都パリに生まれる。生家は高級家具の販売を営む裕福な家庭だった。幼少より音楽を学び、1870（明治3）年、19歳のときにパリ音楽院（フランス 1795年〔寛政7〕年創立）に入学してピアノを専攻。マルモンテルに師事する。

当時、各国にはパリ音楽院のような世界有数の音楽学校が数多く存在していた。

「ジュリアード音楽院」（アメリカ　1905〔明治38〕年）、「王立音楽院」（イギリス　1882〔明治15〕年）、「モスクワ音楽院」（ロシア　1866〔慶応2〕年）、「ウィーン国立音楽大学」（オーストリア　1812〔文化9〕年）、「ザルツブルク・モーツァルテウム音楽大学」（オーストリア　1841〔天保12〕年）、「ミラノ音楽院」（イタリア　1808〔文化5〕年）、「プラハ音楽院」（チェコ　1808年）など、江戸時代後期のことで、いわゆるクラシック音楽の巨匠たちを数多く輩出した。ルルーもそのひとりだった。

ルルーは、1872年に召集され陸軍に入隊。歩兵第62連隊に配属される。翌年、連隊軍楽兵となる。1875年には歩兵第75連隊に転属し、副軍楽隊長に就任。4年後に同連隊軍楽隊長に昇進し、吹奏楽やピアノ曲、編曲した作品が出版された。

こうしてルルーは、おもに軍楽隊関係の仕事に従事する。すべてにわたり実力不足の日本の軍楽隊は、世界最高峰のパリ音楽院で学んだルルーに対し、大きな期待を寄せていた。

## パリ音楽院で学んだすべてを日本陸軍軍楽隊に注ぎ込む

来日したルルーに求められたのは、読譜力も演奏のスキルもない陸軍軍楽隊の根本的な底上げだった。

着任早々、2組144名いた軍楽隊員全員に対し、基礎的な音楽の知識と楽器演奏の実力を把握するために試験を実施したが、予想どおりの惨憺たる結果となり、ルルーを愕然とさせる。それだけではない。ルルーは「楽長、副楽長以下、全員が能力不足」と判定したのだ。つまり、教える側の教師陣の「能力に問題あり」と烙印を押したのである。

歴代の陸軍軍楽隊長のなかには、ろくに楽器の演奏もできない指導者もいた。ある軍楽隊長のことを「演奏を終了したにもかかわらず、まだタクトを振っているという体たらく」、とルルーは酷評したという。

日本人の指導教官自身、生まれてこれまで楽譜を見たこともない、読譜という教育を受けたこともない、拍子（拍数）と小節くらいしか理解できないという。「何小節」という数字だけ頭にたたき込みタクトを振るのだから、振り遅れや振り間違い、曲の終わりを認知できない指導者もいた。ルルーには信じられない〝事件〟だった。どうやら前任者のダグロンに問題があったようだ。

ギュスターヴ・シャルル・ダグロンは明治5（1872）年の陸軍軍楽隊創設時から10年もの長きにわたり指導に携わってきたが、基本となる教科書や教則本などを使用しなかった。現場のたたき上げのスタイルは、楽譜（旋律だけではなく、その曲に込められた音楽性）というものを必要としなかった。

ただひたすら演奏技術（メロディの修得と楽器の技術）の向上のみに力を注いできた。いわゆる音楽全般にわたる基本的な教育をしなかった。いや、できなかったのであろう。

前任のダグロンが去ってから、1年半ものあいだ陸軍軍楽隊は指導者なしのまま放置されていた。これでは演奏技術の低下も致し方なしである。加えてパリ音楽院というクラシック音楽の最高峰で学んだ専門家からみたら、日本の軍楽隊の実力は素人の集団そのものだった。

前任者のダグロンはじめ、これまでの3人の指導者たち全員、専門の音楽の教育を受けた人たちではなかった。とはいえ、外国人音楽家の要請にあたり、日本政府の関係者もまた、人選できるほど知識も能力ももち合わせていなかった。こうした状況下でルルーに課せられた課題は山積していた。

まず92名を選出し、再教育を施した。音楽伝習（音楽について学ぶこと）以外は一切関わりをもたないようにという徹底ぶりである。基本的にはパリ音楽院の教則本を使用し、ソルフェージュ（音程・リズム・聴覚などの習熟）も授業に取り入れた。さらにルルーは、楽器の技術習得に力を入れただけではなく、音楽全般の基礎的な知識を学ばせるために、教科書をみずから編纂した。

音楽に関しては明治5年に陸軍軍楽隊が創設されて以来、昭和にいたるまでフランス式が採用された。その中心にいたのがルルーである。日本陸軍の音楽の確立に、その功績は計り知れないものがあった。

しかしルルーの思惑どおりにことは進まなかった。もっとも頭を痛めたのは、規律を遵守する軍隊でありながら、隊員たちのモラルが最悪だったことであった。

軍楽隊の定着率は低く、必要人数の確保に頭を痛めるという始末だった。明治17年11月から19年6月まで、除隊、不行跡（賭博や飲酒）による解雇、能力不足、脱走など39名を数えた。これを補うため、再三募集をかけて人数をそろえるしかなかった。

## 鹿鳴館の完成とルルーの存在意義

ルルーが来日する前年の明治16（1883）年7月7日、鹿鳴館が竣工する。日本が進めてきた喫緊の欧化政策には、国賓や外交官などを接待する社交場が欧化政策の象徴として是非とも必要とされた。

鹿鳴館は、伊藤博文と並ぶ政府の要人であった外務卿井上馨（かおる）らによって建設された西洋館である。外務省が14万5000円（現在の金額に換算すると数百億円という額になるだろう）という巨額な公費をかき集めて急ぎつくらなければならなかった事情があった。それがアメリカ、イギリス、フランス、プロシャ（ドイツ）の欧米諸国と結んだ不平等条約の改定だった。

だが、鹿鳴館という迎賓館を建てることと、不平等条約の見直しとがどう結びつくのだろうか。実は、外交官とダンスに興じることが不平等条約の解消につながると、伊藤も井上も本気で考えていた。「鹿鳴館は彼らの全政策の結節点に位置していたのであり、シンボルの意味すらもち始めていた」と歴史学者（日本近代史）飛鳥井雅道は指摘している。徹底した欧化主義政策の一環であった。ルルーの作品『抜刀隊』と『扶桑歌』も鹿鳴館で初演されている。

鹿鳴館といえば何を連想するだろう。飛鳥井は『鹿鳴館』のなかで象徴的な風景を紹介している。

「鹿鳴館」の言葉からまず連想されるのは、ダンス・パーティーにちがいない。一八八〇年代つまり明治一〇年代の半ばに、明治政府の高官とその夫人たちは、なれない洋服や、当時ヨーロッパで流行だったバッスル・スタイルの裾の長いローブ・デコルテに身をしめつけられながら、ガス灯に照らされた煉瓦街を、馬車で鹿鳴館に集まった。彼女たちは、取りつけられたばかりの電灯のもとで、築地の外国人街や、わざわざ特別列車で横浜からやってきた外国の外交官たちや士官たちと、必死にワルツやカドリール（18世紀末から19世紀半ばにかけてフランスを中心に流行した社交ダンス。2組または4組のカップルが四角になって踊る。また、その曲）を踊った。

（カドリールの注は『広辞苑』による）

ダンスに興じる女性の洋装に対しても、

日本女性は人形ではない、日本人はヨーロッパ人と同様な人間なのだと外国人に証明することが、まず、なにより必要だと信じていたのである。

と言及している。さらに、

外国人と交渉するためには、本人自身の生活を交渉相手と同じにしなければならない、と信じたからである。（中略）政府の最高指導者たる大久保利通も、自宅を西洋館にし、朝食にはパンを食べ、ミルクを飲んだ。

このような実に漫画チックな状況も、

明治日本の出発点の問題は、一言で言えば、「抽象的な」近代化ではなかった。もっとさしせまった、生活全体をふくむ政府全体の政策にかかわっていた。政治的には、欧米諸国と結ばれた不平等条約をいかに改定するかが緊急の課題だった、と言っても言い過ぎではない。

という状況に追い込まれていた。

そこで開館式から1年ほどたった明治17年10月から上流階級の子弟を中心に各官庁の

官吏や、井上、大山（巌）参議などの高官も交えて、鹿鳴館を会場に舞踏練習会「舞楽会」が発足している。幹事長はのちに「日本音楽会」の幹事長も勤める鍋島直大で、ダンス教師は駒場農学校のお雇い教師ヨハネス・ルードウィヒ・ヤンソン（Johannes Ludwig Janson, 1849－1914）、伴奏のピアノを受け持ったのが海軍軍楽隊のピアノ教師アンナ・レールであった。そして同年11月3日の天長節に練習の成果を披露しているが、この時の音楽は海軍軍楽隊が担当したものと考えられる。

（『洋楽導入者の軌跡』）

明治17年から21年のルルーの滞在期間と鹿鳴館時代が見事に重なる。当時の西洋音楽の最先端をいく音楽家だったルルーは、欧化主義政策を推し進める日本の音楽関係者にとって、もっとも信頼すべき外国人音楽家のひとりだった。

**新生日本国がまずやらなければならなかったこと**

新政府は、明治4（1871）年に旧藩主を罷免し、県知事を政府から派遣する「廃藩置県」を強行した。中央集権化を進めることでばらばらだった国をひとつにまとめた。

この時期に政府のナンバー2の岩倉具視を全権大使とした「岩倉使節団」が欧米に渡航する。メンバーはほかに、大久保利通、木戸孝允、伊藤博文など、政府の中核をなす人物が日本を離れた。

留守居の政府要人は西郷隆盛、板垣退助、井上馨というメンバーであった。使節団は1年半にわたって海外を視察した。未曾有の大変革期に1年半も日本を留守にしたのだ。留守居を命じられた政府高官にも、「待ったなし」の事件が次々と起こった。とくに対朝鮮問題には手を焼いた。留守居役のメンバーのみで対応するには無理があった。いわゆる「征韓論」(武力をもって朝鮮を征服するという政策)では、帰国した「外遊派」と「留守居組」とが前面的に衝突した。西郷、板垣たちが下野(辞職)し、政府は二分した。西郷隆盛は薩摩で蜂起する。だが、明治10(1877)年3月、17日間にわたる死闘が熊本の田原坂で繰り広げられた末、西郷軍は敗走した。

この戦いぶりを東京帝大の教授外山正一が詩集『新体詩抄』に、「抜刀隊」と題して書いた。そして、その詩にルルーが曲をつけ、明治18(1885)年に軍歌『抜刀隊』として発表した。

鹿鳴館はダンスを披露する社交の場だけではなく、広く音楽を演奏する場としても活用された。一般市民に〝洋楽〟を広める中心的な存在となった。

その多くは〝和洋折衷〟的な音楽（軍歌、唱歌、舞曲など）ではあったものの、クラシック音楽も演奏された。この時期、ルルーも数多くの日本の洋楽・邦楽関係者と知己を得ることになる。

そのひとりが音楽取調掛の伊澤修二、同じく山田流琴曲の宗家山勢松韻、式部職伶人（明治3年、太政官に置かれた雅楽局の楽人につけられた名称。おもに雅楽演奏者、楽師。現在でも宮内庁楽部の人たちは、雅楽の演奏だけではなく、洋楽器も演奏する）芝葛鎮であった。ルルーは彼らをとおして日本の伝統音楽について話を聞き、また資料の収集に努めたという。晩年に『日本古典音楽』を出版できたのも、彼らから受けた影響が大きい。

当時、鹿鳴館ではどのような音楽が演奏されていたのか。芥川龍之介の『舞踏会』という小品にいくつか紹介されている。

> 間もなく明子は、その仏蘭西の海軍将校と、「美しく青きダニウブ」のヴアルスを踊つてゐた。（中略）

その後又ポルカやマズユルカを踊つてから、明子はこの仏蘭西の海軍将校と腕を組んで、白と黄とうす紅と三重の菊の籬(まがき)の間を、階下の広い部屋へ下りて行つた。

と、舞踏会で演奏されたダンスの曲目と種類を書き記している。

当時、「ワルツ」「ポルカ」「カドリール」「ランシェ」(ランサーズとも、6から8組のカップルで踊るスクエア・ダンスの一種)などが演奏された。

芥川の『舞踏会』に、「階段の上の舞踏室からは、もう陽気な管弦楽の音が、抑へ難い幸福の吐息のやうに、休みなく溢れて来るのであつた」とあるように、すでに小編成のオーケストラがあった。

画家橋本周延の「欧州管絃楽合奏之図」に鹿鳴館で演奏しているプレーヤーの様子が描かれている。楽器はバイオリン、ビオラ、チェロ、コントラバスとフルート、ピアノであり、合唱隊の姿も見える。プレーヤーは、伶人の一部の人たちや、音楽取調掛の生徒たちだった。

陸海軍軍楽隊による演奏もあった。現在とは違い、吹奏楽にコントラバスやハープなどの弦楽器、ピアノなどの鍵盤楽器、ティンパニなどの打楽器はまだ取り入れられていない。

管楽器（ブラス）のみでダンスミュージックを演奏したことになる。鹿鳴館では陸軍、海軍の軍楽隊が交互に演奏している。

この時期、同じ舞曲を陸軍はルルーが指揮、海軍はドイツ人のエッケルト（現在演奏されている『君が代』の作曲に関わる）がタクトを振った。当然ルルーはフランス風、エッケルトはドイツ風の演奏になり、演奏曲目も自国の作曲家の作品を演奏する機会が多かった。

　このように、鹿鳴館を主要舞台に、自作の曲目を含めフランスの香りを一杯にただよわす楽曲を演ずるルルーが上流階級から、さらには「抜刀隊」の成功や新聞記事などを通じ民衆のなかにも盛名をたかめていったことは容易に想像できる。

（『洋楽導入者の軌跡』）

とあるように、ルルーの存在は各地の新聞に詳しく報じられ、高い評価を得ることになった。後日発足した（明治20年3月17日）「日本音楽会」の設立にも、エッケルトなどの外国音楽教師とともに大きく寄与している。

とくに「日本音楽会」の役員に、音楽界の権威と並んで当時の洋楽界を代表する4つの機関、「東京音楽学校、陸軍軍楽隊、海軍軍楽隊、式部職伶人」に、ルルーを含む外国人音楽教師が名を連ねた。

明治20年3月17日、鹿鳴館で日本音楽会主催の1回目の演奏会が開かれ、内外の高官、上流階級の紳士淑女3400名が招待された。当時の洋楽界の総力をあげての演奏会だった。

曲目は、オーベル作曲『ポルティシの唖娘』から『幻想曲』、ショパン作曲『ノクターン(夜想曲)』、ワーグナー作曲歌劇『タンホイザー』から『幻想曲』、ウェーバー作曲『舞踏への勧誘』、ヨハン・シュトラウス『ビッターシェーンポルカ』などであった。

演奏も現在と違い、ピアノ独奏曲ではなく小編成用にアレンジされた編曲ものを用いた。曲目だけみれば、現代に通じる内容で、それだけこの音楽会に当時の日本の洋楽界が力を注いでいた証拠でもある。このなかに、ルルーの作・編曲した2曲が含まれていることに注視したい。『抜刀隊』と『扶桑歌』である。

## 軍歌『抜刀隊』の誕生

『抜刀隊』の登場である。明治18年夏、『抜刀隊』が陸軍の教導団軍楽隊により、鹿鳴館で初演された。外山正一が書いた「抜刀隊」に、ルルーがなぜ作曲したのだろう。

明治10年3月14日早朝、西南戦争における最大の激戦地、田原坂で西郷軍を撃破した主力の白兵戦部隊を「抜刀隊」といった。警視庁の選抜部隊である。明治15年、東京帝大教授外山正一らが発表した『新体詩抄』に、外山は「抜刀隊の詩」と題して発表した。

この全文に添え書きとして、

> 西洋にてハ戦の時慷慨激烈なる歌を謡ひて士気を励ますことあり即ち仏人の革命の時「マルセイエーズ」と云へる最と激烈なる歌を謡ひて進撃し普仏戦争の時普人の「ウオッチメン、オン、ゼ、ライン」と云へる歌を謡ひて愛国心を励ませし如き皆此類なり左の抜刀隊の詩ハ即ち此例に傚ひたるものなり

と記した。このように外山は愛国歌を意図して創作したと述べている。

抜刀隊

我ハ官軍我敵(わが)ハ　天地容(い)れざる朝敵ぞ
敵の大将たる者ハ　古今無双の英雄で
之に従ふ兵(つわもの)ハ　共に慓悍(ひょうかん)決死の士
鬼神に恥ぬ勇あるも　天の許さぬ反逆を
起しゝ者は昔より　榮えし例あらざるぞ
（＊：以下転調）
敵の亡ぶる夫迄ハ　進めや進め諸共に
玉ちる剣抜き連れて　死ぬる覚悟で進むべし

皇国(みくに)の風(ふう)と武士(もののふ)の　其身を護る霊の
維新このかた廃れたる　日本刀の今更に
又世に出づる身の誉　敵も身方も諸共に
刃の下に死ぬべきぞ　大和魂ある者の
死ぬべき時ハ今なるぞ　人に後れて恥かくな
（＊）

敵の亡ぶる夫迄ハ　進めや進め諸共に
玉ちる剣抜き連れて　死ぬる覚悟で進むべし

前を望めバ剣なり　右も左りも皆剣
剣の山に登らんハ　未来の事と聞きつるに
此世に於てまのあたり　剣の山に登るのも
我身のなせる罪業を　滅す為にあらずして
賊を征伐するが為　剣の山もなんのその
（＊）
敵の亡ぶる夫迄ハ　進めや進め諸共に
玉ちる剣抜き連れて　死ぬる覚悟で進むべし

剣の光ひらめくハ　雲間に見ゆる稲妻か
四方に打出す砲声は　天に轟く雷か
敵の刃に伏す者や　丸に砕けて玉の緒の

絶えて墓なく失する身の　屍ハ積みて山をなし
其血ハ流れて川をなす　死地に入るのも君が為
（＊）
敵の亡ぶる夫迄ハ　進めや進め諸共に
玉ちる剣抜き連れて　死ぬる覚悟で進むべし

弾丸雨飛の間にも　二ツなき身を惜まずに
進む我身ハ野嵐に　吹かれて消ゆる白露の
墓なき最後とぐるとも　忠義の為に死ぬる身の
死（しに）て甲斐あるものならバ　死ぬるも更に怨なし
我と思ハん人たちハ　一歩も後へ引くなかれ
（＊）
敵の亡ぶる夫迄ハ　進めや進め諸共に
玉ちる剣抜き連れて　死ぬる覚悟で進むべし

我今茲に死ん身ハ　　君の為なり国の為
捨つべきものハ命なり　　仮令ひ屍ハ朽ちぬとも
忠義の為に捨る身の　　名ハ芳しく後の世に
永く傳へて残るらん　　武士と生れた甲斐もなく
義もなき犬と云ハるゝな　　卑怯者となそしられそ

（＊）
敵の亡ぶる夫迄ハ　　進めや進め諸共に
玉ちる剣抜き連れて　　死ぬる覚悟で進むべし

「新体詩抄」について、「「新体詩抄」の詩人たち」（『明治文学全集60』の月報）で森亮（英文学者、比較文学者、詩人）は、「外山正一と矢田部良吉の二人の仲の良い啓蒙家が道草を食うような軽い気持で始めた英詩邦訳の試みが」と紹介している。

「短歌、俳句中心の在来の日本詩歌の改良を目指して、「西洋ノ詩」にならった新体の詩形（新体詩）を創始しようと意図した。『シエークスピール氏ハムレット中の一段』『グレー氏墳上感懐の詩』『抜刀隊の詩』などが著名であるが、作品自体の芸術性は乏しく、新詩形を紹介したという意義にとどまっている」(電子辞書『ブリタニカ国際大百科事典』)とある。

なぜ、シャルル・ルルーが外山正一の「抜刀隊」に曲をつけたのか(提供したのか)。外山の承諾なしに勝手に曲をつけることはできない。外山の「抜刀隊」に感激して曲を提供したという説もある。しかし来日したてのルルーが、現在読んでもむずかしい「新体詩抄」を理解したとはとても思えない。

前述の、「新体詩抄」を、「「西洋ノ詩」にならった新体の詩形」を創始しようとしたのであれば、ルルーには、聞き慣れた母国(西洋)の詩の韻律から、比較的容易に「新体詩抄」に馴染むことができたか。これが「漢詩」なら、むずかしかったにちがいない。

かつて外山正一氏が新体詩抄中にものせられし抜刀隊の詩は、今度我が国の軍歌となすことに定め、このほどより教導団軍楽隊の教師仏人ルルー氏が、大中小の喇叭(らっぱ)にて調子を添え、楽手八十名に唄わせしに、すこぶる面白く、またこの事叡聞に達し、時々御好みあらせたもうという。

（『洋楽導入者の軌跡』より「東京横浜毎日新聞」明治18年7月15日付の記事）

と紹介され、かなり早い時期に作曲された。

文芸評論家の江藤淳が、『南洲残影』（文春文庫）で、ルルーを日本に招聘し契約したのは陸軍卿大山巌だと次のように述べている。

明治十七年（一八八四）、訪問先のフランスで、軍楽長（少尉相当官）ルルーを見出して陸軍軍楽隊教師として契約したのは、時の陸軍卿大山巌であったという。ルルーは同年十一月に来日し、その直後に「抜刀隊」の軍歌を作曲したと伝えられている。

つまり、外山の「抜刀隊」に感激した大山が、ルルーに作曲を依頼したと考えるべきだろう。ルルーは来日以前から日本の（伝統）音楽に非常な興味を抱いていたという。「雅楽等の日本の古典音楽を研究するのみならず、琴、三味線を鑑賞し、実際に購入して稽古もしたという」（『洋楽導入者の軌跡』）。

それが外山の「抜刀隊」に興味を抱かせた理由だとも考えられる。どちらにせよ、ルルーが作曲した『抜刀隊』が政府の要人や軍楽隊ばかりではなく、多くの日本人に盛大な拍手をもって迎えられたのである。この事実が、のちの『陸軍分列行進曲』へとつながっていく。

## 『抜刀隊』の調性と転調について

ルルーは『抜刀隊』を何調で作曲したのだろう。実は、残されている『抜刀隊』の録音盤（レコード）にはおもにふたつの調性がある。『抜刀隊』は各節最後の部分（前述の詩では「＊」の記号で示した部分）が転調（曲中で調を変える）している。

たとえば、Am（イ短調）ではじまり、さびの部分ではA（イ長調）に転調しているのが一般的だ。戦前までの行進曲（陸海軍）に、「転調」を駆使した作品はわたしの記憶にはない。転調することで曲そのものに込められた〝色〟がより鮮明に浮かびあがる効果をもたせる。

しかし、それなりに高度な音楽性を求められるため、当時の日本の作曲家（おもに軍歌や行進曲、歌謡曲など）にそのスキルがあったとは考えにくい。

それに、聴き手にも違和感がなかったとはいえない。西洋の音楽に接する機会がない日本人には馴染みにくい。転調部分の歌詞は、1番から6番まですべて同じである。この部分のみを違う調で表現するというのは作曲手法として実にスキルフルで見事である。外山の意図を完全に把握していたのではないかとさえ思えてしまう。つまり、ルルーの心中には「新体詩抄」に通ずるものがあったのではないか。

「歌いにくい、馴染みにくい」はずの『抜刀隊』を、「何でも簡単に受け入れることができる、寛容な日本人」は、たちまちこの曲を受け入れたのだ。何度も耳にするうちに、聞き慣れてくる。すると、『ノルマントン号沈没の歌』、『一番はじめは一の宮』（手まり歌）、『月と花とは昔より』、『ラッパ節』、『松の声』、『奈良丸くずし』、『青島節』など多くの曲に『抜刀隊』のメロディは取り込まれた。戦争喜劇映画『どぶ鼠作戦』（1962年製作、監督・岡本喜八）のなかで、加山雄三に口笛でこのメロディを吹かせている。

音楽評論（作曲・作詞・翻訳）家の堀内敬三は『ヂンタ以来(このかた)』のなかで、『抜刀隊』の旋律とビゼー作曲の歌劇『カルメン』との類似点を挙げている。

> ルルーが日本へ来た明治十七年は「カルメン」の初演後満八年になるのです。（中略）勿論軍楽長ルルーがこれを知らない筈はありません。「カルメン」に軍歌が一つあり

ます。第二幕でドンホセーが鼻歌に歌ふ、あれです。ルルーが日本へ来て始めて軍歌を作曲する時「カルメン」の中の軍歌を思ひ出すのは当然でせう。だから「カルメン」第二幕の軍歌が「抜刀隊」の節の上に影響を与へたと見るのは無理では有りますまい。あの初めの所の五度音程の上昇とその反覆、その次の旋律型なんかはそつくりではありませんか。だから「ラッパ節」の先祖は「カルメン」だと私は云ふのです。

わたしには『抜刀隊』の旋律が、「歌劇『カルメン』が、ルルーと同国であるフランス人のビゼーが作曲したから、影響を受けないはずがない」と主張する堀内の得意そうな顔が目に浮かぶ。モチーフが似ている作品は数多く存在するが、わたしの耳には「なんとなく」「そういわれてみれば」程度でしかない。

たとえ「そっくり」だとしても、『抜刀隊』の作品そのものの価値に影響するとはとても思えない。

# 第2章　『陸軍分列行進曲』はなぜつくられたのか

## ルルーには『陸軍分列行進曲』を作曲（編曲）した痕跡はない

『抜刀隊』が発表された翌年、行進曲『扶桑歌』が発表された。

ルルーは楽譜の表紙に、「日本国皇帝に献ず。この行進曲は、1885年11月9日皇居で教導団の軍楽隊が初演した」と、日の丸とともに特記している（CD『お雇い外国人の見た日本〜日本洋楽事始』ライナーノート〔解説〕）。『扶桑歌』の原曲はピアノ譜として作曲されている。

「教導団の軍楽隊が初演した」というのは、ルルーが吹奏楽用に編曲した楽譜で演奏されたと思われる。楽譜には「『FOU SO KA』MARCHE DEFIJLE DE L'AMRÉE JAPONAISE」（『扶桑歌』日本分列行進曲、1886年、P・グーマ社、パリより楽譜出版）とフランス語で記されている。

明治18年、教導団の軍楽隊が演奏した『扶桑歌』は、間違いなくルルーがピアノ譜として作曲した作品を、吹奏楽用に編曲したものである。ピアノ譜と吹奏楽譜とふたつの『扶桑歌』があるため、混乱が生じた。

後年、この『扶桑歌』のイントロ（〔前奏〕とイントロ〔前奏〕なのだが、これをコーダ

〈楽曲の結尾部〉として使用。つまり同じ旋律）のあいだに『抜刀隊』の旋律をはめ込んだものが、『陸軍分列行進曲』と題して発表された。その『陸軍分列行進曲』も『扶桑歌』や『抜刀隊』というタイトルで発表されたものだから、ますます紛らわしくなった。この『陸軍分列行進曲』誕生の裏に、いくつかの〝謎〟が隠されている。

まず、原作者であるはずのシャルル・ルルーに、『陸軍分列行進曲』を作曲（編曲）した痕跡がまったく見当たらないのだ。ルルー自身で、そのような編曲をした事実（資料）は残されていない。

昭和３（１９２８）年、新交響楽団（現 ＮＨＫ交響楽団）演奏（指揮・近衛秀麿）のレコード盤（ＶＩＣＴＯＲ ５０２７６Ｂ）が残されている。タイトルは『扶桑歌』。しかし、曲の内容は完全に『陸軍分列行進曲』なのである。つまり、『扶桑歌』というタイトルなのに、実際にはルルーが作曲した『扶桑歌』とは別の曲なのだ。

『復刻版！ 戦前日本の名行進曲集～陸軍軍楽隊篇』の第1曲目に『分列行進曲』のタイトル（指揮・大沼哲、演奏・陸軍戸山学校軍楽隊、録音：１９３９年8月14日）でＣＤ（キングレコード ３００４４）化されている。昭和14年のこの録音盤では、『分列行進曲』というタイトルながら、曲の内容は昭和3年盤（『扶桑歌』）と同じである。だとすると、昭和3年から同14年のあいだに『分列行進曲』というタイトルに変更されて演奏されたことになる。

昭和3年に録音された『扶桑歌』は、陸軍省関係者（陸軍軍楽隊）の誰かが、勝手にルルー作曲のピアノ譜『扶桑歌』と『抜刀隊』を編曲（改竄）したことになるのだ。

では、曲名を時代によって変えなければならない理由とは何だったのだろうか。

大衆音楽文化研究家の長田暁二は、先にも紹介したが、『日本軍歌全集』のなかで、

この「抜刀隊」は、天皇の観兵式に演奏される基本的な行進曲「分列行進曲」の中間部に用いられました。昭和十八年、第二次世界大戦中、内閣情報局が敵性国家の音楽一掃を命じた時、アメリカ・イギリスはもちろん、いくら昔、日本陸軍に奉職していた楽長とはいえ、フランス人ルルーの作曲も対象になるはずですが、陸軍の象徴たる「分列行進曲」が消滅しては困るので、作曲者の名前を伏せて堂々と演奏しました。

と述べている。

困ったのは誰なのか。おそらく内閣情報局、陸軍省、陸軍軍楽隊、そして日本政府そのものだろうと推測する。それほどに『陸軍分列行進曲』は、日本人の心に溶け込んだ名曲だった。今さら、敵性国家であるフランス人が作曲した行進曲だとは口が裂けてもいえなかった。

実際、『陸軍分列行進曲』（『扶桑歌』『抜刀隊』）は、正式に陸軍省が制定した行進曲（明治35年）とされている。さらにルルーは日本政府より、その功績が讃えられ「勲4等瑞宝章」、「勲5等旭日章」を授与されている。だからといって、『陸軍分列行進曲』は「日本の行進曲である」と、胸を張っていえるのだろうか。

## 小雨煙るなかでの「出陣学徒壮行会」

さて、なぜわたしがここまで、『陸軍分列行進曲』が敵性国家のフランス人ルルーによって作曲（編曲）された音楽であるといわれていることに拘るのか。

それは、今から77年前の昭和18年10月21日、小雨降る明治神宮外苑競技場（現在、2021年に延期された「東京オリンピック・パラリンピック」が開催されるはずの新国立競技場）で行われた「出陣学徒壮行会」で演奏されたのが、『陸軍分列行進曲』だからである。

雨中の出陣学徒壮行会。見送りの家族・級友・中学生・女学生など6万5000人がスタンドを埋め、涙を流しながら帽子やハンカチを振った。出陣学徒はこの後、市中を行進、宮城前広場で解散した。この壮行会に参加した人数も含め、学徒動員の数は軍事機密として、公表されなかった。

(『昭和二万日の全記録』第6巻、写真キャプション)

その数は推定で13万人といわれ、戦没した学徒の数は、いまだに確定していない。出陣学徒の代表であった東京帝国大学の江橋慎四郎が答辞で、「生等(せいら)もとより生還を期せず」と述べると、その後、

会場には『海ゆかば』『紅の血は燃ゆる』の大合唱が起こった。駒沢高等女学校の生徒、杉本苑子(作家)もスタンドにいた一人だった。びしょぬれの小旗が破けて棒だけになっているのを振り回して、出陣学徒を見送った。「ワァワァ泣きながら隊列を乱して、その出て行く人たちのあとを追っていった。『行ってらっしゃい。行ってら

っしゃい』って」

（『潮』昭和四〇年七月号、『昭和二万日の全記録』第6巻）

と記されている。

なぜ、敵性国家のフランス人作曲家シャルル・ルルーの手になるといわれている『陸軍分列行進曲』が、「出陣学徒壮行会」というもっとも重要な式典で使用されたのだろうか。「当時のフランスは、親ドイツ派のヴィシー政権下にあり、日本との外交関係も持続していたので問題ない」という人もいる。とんでもない、『陸軍分列行進曲』はそれ以前から準備されていたのだ。

昭和18年当時、日本陸軍に行進曲はなかったのか。もちろん、あった。たとえば、『陸軍行進曲』（作曲：佐藤長助、大沼 哲）、『進軍行進曲』（作曲：陸軍戸山学校軍楽隊）、『皇軍の精華』（作曲：須摩洋朔）、『行進曲「進む日の丸」』（作曲：大沼 哲）、『行進曲「出征兵士を送る歌」』（作曲：林 伊佐緒）など数多くの行進曲が作曲されている。にもかかわらず、純粋に日本人の作曲家の手による行進曲ではなく、フランス人が作曲したといわれている『陸軍分列行進曲』が採用されたのはなぜだろうか。

『陸軍分列行進曲』のもつ悲劇的な荘厳さ、圧倒的な力量感、クオリティの高い音楽性など、確かに他の行進曲を寄せつけない崇高な雰囲気を込めた名曲だと思う。なにより、日本人が作曲した作品に、イントロがマイナー（短調）ではじまる行進曲はほとんどない。イントロで曲全体のイメージが決まる。日本人作曲家による行進曲にはそれが希薄なのだ。「行進曲は勇壮たれ」と思い込まされていたのだろう。

のちの項目にも登場するが、哀しい音楽、女々しい音楽は敵性音楽の有無には無関係に排除の対象とされたのをみても明らかだ。音楽的にみて、『陸軍分列行進曲』を凌駕する行進曲は皆無といえた。だからといって、どんなに優れた行進曲でも、敵性音楽を使用してもいいということにはならない。

## 敵性音楽禁止令のもとで

第二次世界大戦が開始された直後から、敵性用語が禁止された。野球のストライクが「よし」、ファールが「圏外」、サッカーの「蹴球」はまだ聞き慣れた用語だが、楽器のサキソフォンは「金属品先曲り音響出し機（尺八）」、コントラバスは「妖怪的三弦」とくれば笑うしかない。しかし、「ピスト」（仏語・操縦者の控え室）のように、そのまま使われた外国語は少なくない。禁止してもしきれない敵性外国用語は溢れていた。それでも「敵性語使用禁止」の建前は貫かれた。

「外国かぶれは国体に反す」「奇を衒う芸名に〝粛名〟申渡し」（「東京朝日新聞」昭和15年3月29日付）と、内務省が28日、映画・レコード各社の代表を警保局に招いて俳優たちの改名を指示したと報じられた。

藤原鎌足→藤原鶏太、ミス・ワカナ→玉松ワカナ、ディック・ミネ→三根耕一、漫才のリーガル千太・万吉→柳家千太・万吉と強制的に改名させられた。

英語追放はあらゆるところに及んだ。陸軍は予科士官学校、経理学校（予科）、幼年学校で入学試験の外国語を廃止。「東京日日新聞」（昭和15年4月12日）の紙上で、その理由を「〔外国語〕重視変調の弊風を打破革正せんとするの先駆たらん」とした。9月には、東京駅をはじめとして国鉄の駅に外国人客のために設けられた「ENTRANCE」（入口）・「WAY OUT」（出口）などの英語表記の看板を撤去する。10月に、たばこのゴールデンバット→金鵄、チェリー→桜と改名した。

こうした国粋主義的な外国語追放に対して、津田英学塾の教授だった藤田たきは「国際情勢の複雑怪奇なる今日、殊に対英米関係の最もけはしき今日、若し英語不用論の如きが唱へらるゝならばそれこそ大いなる心得ちがひである」(「英語も亦武器である」)

(『週刊婦人新聞』昭和一五年九月二九日号、『昭和二万日の全記録』第5巻)

と述べた。

逆にアメリカでは対照的に、日本語の習得に力を入れた。「敵を知るには、日本の文化と日本語を知ること」としたのだ。

昭和18年1月13日、内務省情報局は、演奏を禁止する米英音楽約1000曲のリストを発表し、追放にのり出した。理由は「軽佻浮薄、物質至上、抹消感覚万能」に毒されており、「国民の士気の高揚と、健全娯楽の発展を促進する」(『週報』昭和18年1月17日号)ため一掃するとした。

とくにジャズ、軽音楽は「卑俗低調で頽廃的、扇情的、喧噪的」と目の敵にして徹底的に排除した。カフェー、バー、飲食店からはもちろん、ラジオの音楽番組からも締めだされ、レコード盤も回収された。

たとえば、『ダイナ』『アラビアの唄』『私の青空』『オールド・ブラック・ジョー』『峠の我が家』『月光値千金』『南京豆売』『ブルー・ハワイ』『アロハ・オエ』などである。この結果、残った洋楽は枢軸国ドイツ、イタリアの音楽が中心となった。

大政翼賛会や大日本翼賛壮年団を中心とした「敵性語」「敵性音楽」に対する追放キャンペーンは、国民の排外主義をあおり、戦意高揚を目指すものだった。しかし、アイルランド民謡の『庭の千草』やイギリスの作曲家ビショップの『埴生（はにゅう）の宿』などは、「国民生活の中に融け入つてゐる」として演奏禁止の対象外としたり、ラジオやピアノ、その他、技術用語などは米英語にもかかわらず存続するなど、身勝手な現象を呈した。清沢洌（きよし）はこれらを「小児病的な現代思想」（『暗黒日記』）と嘆いている。

一方、『陸軍分列行進曲』の作曲家、シャルル・ルルーの祖国であり、親ドイツ派ヴィシー政権下にあったフランスの音楽は、「敵性国家の音楽」として表向き禁止されなかった。ニッポン・シャンソン協会会長であり、シャンソンに関する数々の著書を著した菊村紀彦は、自著『ニッポン・シャンソンの歴史』のなかで、戦時下でのシャンソンやタンゴの様子を次のように語っている。

友好国ドイツのポピュラーソングにタンゴが多かったせいで、軍部もあまり反対はしなかったという事情があったのではないかとも思います。たとえば「碧空」や「モンテカルロの一夜」「夜のタンゴ」などは一九四四（昭和一九）年頃まで放送されておりました。

その一方で、

わたしに、ドイツ、イタリアいがいの音楽は演奏するな、足のあがる音楽はいけない、できるかぎり軍歌を歌えという注文をつけました。（中略）

それでは、この年にシャンソンがまったく歌われなかったかというと、かならずしもそうではありません。ダミアが生きていたのです。「人の気も知らないで」というダミアの歌が淡谷のり子さんによって歌われ、大きな声ではないかも知れませんが、くちずさまれていたのを、わたしは鮮明に記憶しております。

菊村らシャンソン愛好家のほうで、自主的にシャンソンを「仏国歌謡」と漢字で書くようになったのは、国民の間に流れる〝空気〟を読んだためだろう。

昭和18年、菊村たちは「仏国歌謡研鑽会（日本シャンソン協会）」を発足させた。発足させた理由を菊村は、「ひとつにはこの国を覆う軍歌へのレジスタンスであり、人間性の回復をもとめる運動でもあった」といい、「シャンソンは、ついに自主規制され、仏国歌謡になってしまいました」と嘆いた。

欧米系の曲をレパートリーにしている歌手たちに官憲の手がのびる。「発声が頽廃的だ」と、以前から当局に睨（にら）まれていた淡谷のり子、ディック・ミネたちは、舞台で歌唱中に楽譜を押収され、歌唱禁止。「敵国の楽譜はすべて廃棄せよ。曲集の一部にジャズが載っている場合はその部分だけを切り取るか、抹消」「マイクロホン禁止（2500人以下のホール）。サキソフォン、バンジョー禁止。サックスの代わりに尺八・横笛、バンジョーの代わりに三味線を用いること」とまるで笑い話のようである。

シャンソンについては、具体的な禁止事項が出されることはなかったものの、日本の音楽家や関係者の統合団体「日本音楽協会」が、自主的に細目を決めて警視庁に提出し、自主規制を強めた。ポーズだけでも従順の意を示さなければ、いつなんどき官憲の目が注がれないとも限らない。

作家の吉武輝子は、『別れのブルース 淡谷のり子――歌うために生きた92年』のなかで、

> 「暗い日曜日」、「人の気も知らないで」、「巴里祭」など、ジャズ、シャンソン、タンゴ、ブルースを主としてステージで歌っていたのり子の持ち歌の多くが、禁止曲目となってしまった

と明記している。上記の3曲は有名なフランスのシャンソンである。ご多分にもれずシャンソンもまた禁止されたことになる。

陸軍中将の中井良太郎は、

> 今日の国民歌謡の歌詞や曲は、日本民族の個性に適しないものが多いと思う。日清・日露戦争の前後から歌い継がれている軍歌や唱歌や徳川時代から伝わる民謡がすたれ

ないのは、日本民族の個性に適しているからだ。(中略)《海行かば》のような民族信念の溢れる歌詞、雄渾荘重の曲からなる国民歌謡が続いて出ることを望む。とともに、安っぽい調子の、あるいは覇道気分の歌詞や曲からなる国民歌謡が消えうせることを祈るものである。

(『音楽公論』1943年10月号「武将と音楽」より)

と断じた。同時代に生きた菊村には、「シャンソンを聞くなどということは生命がけだったのです」と語る。

## 「軽佻浮薄で頽廃的」な音楽は、なんでも禁止された

ここで話を整理したい。「敵性音楽の禁止」とは、「米英音楽の禁止」と、「軽佻浮薄で頽廃的」な音楽の2種類があると思う。明らかに米英の音楽は禁止の対象にしやすい。「シャンソンについては具体的な禁止事項はなかった」と菊村は証言する一方で、「シャンソンを聞くなどということは生命がけだった」と矛盾する証言もある。

つまり、(同盟国と認識されているはずの)フランスのシャンソンであろうが、イタリア

のカンツォーネだろうが、現場で判断を迫られる官憲の耳には区別（選別）する能力があったとは考えにくい。

「軽佻浮薄で頽廃的」と判断したなら、即中止や禁止令が出されたと思う。ダミアの名曲『暗い日曜日』（昭和11年）が淡谷のり子によって憂鬱な表情で歌われれば、躊躇なく中止令を出しただろう。

敵性音楽禁止令に関して、当時の有識者は次のように話している。

前章で引用した堀内敬三は『音楽之友』（1943〔昭和18〕年1月号「楽友近事」）で、

敵の発明でも利用できるものは利用してよい。それは「道具」だからだ。しかし音楽は精神文化の圏内に入る。敵の音楽を愛する者は敵国人の精神的影響の下に立つのだ。そんなことで戦えるだろうか。《蛍の光》も《埴生の宿》も《庭の千草》も《幾年ふるさと》も《更けゆく秋の夜》も《夕空はれて》も、われわれに永年親しまれたとはいえ、敵の曲だ。そんなものに恋々としては戦争はできない。家庭からも学校からも演奏会からも、あらゆる米英の曲を追い出してしまう。それが音楽者としての戦争の手始めだ。

宮澤縦一（音楽評論家。戦時中は内閣情報局情報官）は『音楽之友』（1942年2月号「いま此の時の楽壇人は如何にすべきか〔問答〕」）で、

（問）時局柄欧米かぶれの洋楽はやめてしまえという考えについてはどうか？
（答）今日では音楽と言えばいわゆる洋楽を連想するのが常識となっているくらいだ。もう「洋楽」というより「音楽」でよい。音楽も〔外国の〕良いものは取り入れ、立派に活かしていくべきだと思う。もしそれが良くないというならば、《軍艦マーチ》も《愛国行進曲》も身近にある歌曲は何一つ歌えず、もしも洋楽器を使用するのがいけないというなら軍隊喇叭はもとより、軍楽隊の楽器は一体どうなるだろう。

小川近五郎（内閣情報局情報官）は『音楽之友』（1942年2月号「レコード音楽の新構想」）で、

東亜諸民族からも西欧諸民族からも称えられるためには、まず民族性の究明から出発しなければならない。昨今、民謡の研究や民衆音楽の研究が台頭してきたことは意義あることと考える。大和民族3000年の歴史からみると、明治維新後の西欧文化の影響を受けてわが文化が修正を受けた期間は、70年前後のことである。ともかく今後の音楽文化建設運動は、もっぱら大衆音楽の創造と大衆の音楽教養の指導とに重点が置かれなければならない。

相島敏夫（戦時中の肩書不明）は『音楽之友』（1942年2月号「楽壇時評」）で、

あまりに同じ曲が繰り返されるにいたって我々が持つ行進曲の貧困さに今さらながら驚いた。作曲家は果たしてこれをどう感じであろうか？（中略）米英を排撃するのは当然だが、あまりに極端急激に誤った日本主義に陥るのも慎むべきである。《蛍の光》のように日本化したものは従来どおり歌って差し支えないことは情報局の裁断を待つまでもない。放送局がビクター合唱団を勝利合唱団と改称したり、ベートーヴェンやシューベルトを放送する時に一々「ドイツの」と説明したりするのは、あまりに枝葉末節にすぎる。

と述べている。興味深いのは、有識者の意見が必ずしも統一されていない点だ。「連合国vs枢軸国」という分け方も検証すべきだと思う。

フランスは当時、敵国ではなかったのだろうか。

第二次世界大戦の勃発は、1939（昭和14）年9月1日、ドイツのポーランドへの侵攻が発端である。直後に、イギリス、フランスが宣戦布告をしたが、ドイツ軍がパリに到達した1940（昭和15）年6月22日、独仏休戦協定が調印されヴィシー親独政権が誕生する。枢軸国は、日本、ドイツ、イタリアとなる。連合国は、おもにイギリス、フランス、ソ連、アメリカ、オランダ、中華民国などで、最終的に52ヶ国となった。

連合国のなかに（占領されていたとしても）フランスを含むのが通例だ。当時のフランスが、「親ドイツ派のヴィシー政権だから、シャルル・ルルーの『陸軍分列行進曲』も問題なし」という説には甚だしく疑問が残る。

『陸軍分列行進曲』の使用をあとから理屈づけしたとしか考えられない。それとも『陸軍分列行進曲』は、フランス人の作曲した行進曲だが、「国民生活のなかに溶け込んでいるから問題ない」とでもいうつもりなのだろうか。

## 『南洲残影』にみる『陸軍分列行進曲』の神髄

日本文学評論家の江藤淳に『南洲残影』という著書がある。下野した西郷南洲（隆盛）が新政府に対して蜂起し、散るまでを描いた作品である。

「西郷南洲は思想である。この国で最も強固な思想である」とした江藤が、「抜刀隊」という見出しを設け、シャルル・ルルーの『（陸軍）分列行進曲』（『扶桑歌』『抜刀隊』）について詳述している。

それはまさしく、『陸軍分列行進曲』の神髄をついた江藤の慟哭である。引用文としてはかなり長いが、要旨だけにすると江藤の真意が伝わらないと思うのでできるだけ多く引用した。

この音楽は、この行進曲は、どうしてこんなに哀しい曲なのだろう？　兵隊さんが、戦死するからだろうか。戦死しても、戦には勝たなければならない。勝利の背後には、かならず死が在るから哀しいのだろうか。……

それにしても、帝国陸軍は、何故このように複雑な歌を「分列行進曲」の旋律に採用したのだろうか。短調ではじまって転調を繰返し、最後に長調に転じるなどというメロディを、明治の日本人が容易に着想できたとも思われない。そう思って調べてみると、それもそのはずで、「抜刀隊」の作曲者は日本人ではなく、フランスから招聘された軍楽隊教師、シャルル・ルルー（Charles Edouard Gabriel Leroux、一八五一〜一九二六）であった。……

その初演が明治十八年（一八八五）七月、東京日比谷の鹿鳴館に於てだったということになると、事態は少々グロテスクな様相を呈しはじめる。つまり、フランス人の軍楽隊教師が作曲したのが、取りようによっては西郷隆盛と薩軍を讃えている哀しい歌で、その歌が陸軍軍楽隊によって初演された場所が、よりによって欧化政策のシンボル鹿鳴館だったというのは、いったいどういうことなのだろうか。……

その軍歌らしい軍歌が、哀しい歌だというのはどういうことか。その軍歌のなかで、「古今無双の英雄」と、「共に慓悍決死の士」を、讃えなければならないのは何故なのか。近代化や「西洋」化が聞いて呆れる。西郷も、「これに従ふつはもの」も、ともに疑いもなく攘夷の士ではないか。

一方、ルルーは、どんな気持で「抜刀隊」の詩に作曲したのだろう。ルルーが西郷の従弟である陸軍卿大山巌から、どれほど詳しく西南戦争の話を聞かされていたかはわからない。しかし、僅か七、八年前に日本で大きな内戦があり、その結果西郷という「英雄」が悲劇的な最期を遂げたという事実には、かならずや哀切な感情を抱いていたに相違ない。短調と長調の混合という点では、軍歌でありフランスの国歌でもある「ラ・マルセイエーズ」の記憶も作用していたに違いないが、作曲者自身に国籍を超えた西郷への共感がなければ、あのような曲譜が生れるはずもないではないか。

ところで、この「抜刀隊」の歌が「分列行進曲」に採り入れられて行く過程を一瞥すると、更に驚くべき事実が明らかになる。当初陸軍が「分列行進曲」として制定した曲は、私が幼少の頃から幾度となく聴いたあの行進曲とは似ても似つかない曲だったのである。……

したがって、その譜面を一見すれば、「扶桑歌」がどんな曲だったかはすぐにわかるはずだが、少くともルルー帰国後の日本では、この曲（筆者注：「扶桑歌原曲」）はほとんど原型をとどめぬまでに改変された。即ち、間もなく「扶桑歌行進曲」の後部が切除されて、その代りに「抜刀隊」がその儘採り入れられ、その後明治三十五年（一九〇二）になると、「扶桑歌行進曲」の中部もまた切除されて、前奏から直ちに「抜刀隊」の旋律に入るように変更されたからである。

それがいうまでもなく、「分列行進曲」として知られるようになった曲であり、本来の「扶桑歌行進曲」は、僅かにこの曲の前奏に名残りをとどめているというに過ぎない。つまり、「抜刀隊」がいつの間にか「扶桑歌」に取って替り、前奏だけを残してついにことごとく「扶桑歌」を喰い尽してしまったということになる。

と、江藤は明治18年に初演された曲が、ルルー自身でピアノ譜『扶桑歌』を吹奏楽譜に編曲した行進曲『扶桑歌』であることに気づいていた。

ここにおいて、「西洋」化しているはずの官軍が、却って薩軍の「抜刀隊」に歩兵の理想を見出そうとするという倒錯が生じる。同様に、フランスから軍楽隊教師を招き、士気を鼓舞するための行進曲を作曲させているはずの洋式帝国陸軍の理想は、ほかならぬ攘夷の軍隊、「陸軍大将西郷隆盛」を総帥に戴くもう一つの軍隊である。つまり、勝った官軍の理想は、敗けた薩軍にほかならない。……もっと簡単にいうなら、日本の正規軍とは、実は反逆者に憧れる軍隊であったのか。

このように考えて行くと、ラジオが伝えたあの観兵式の情景が、意外な緊張感に溢れる光景として描き直される。官軍の頂点にある「大元帥陛下」の御馬前を、反逆者に憧れる心情を歌い上げた「分列行進曲」の旋律に乗って、正規軍の諸部隊が行進して行く。確かに、「……天の許さぬ反逆を／起せし者は昔より／栄えしためし有らざるぞ」という、戒飭（かいちょく）の一節がないわけではない。だが、二・二六事件は、ほとんど西郷挙兵のその瞬間から、国軍の構造のなかに潜伏していたのではないか。

しかも、反逆者の軍隊は、昔から「栄えしためし」がないのである。薩軍は敗亡し、西郷は滅亡する。それに憧れ、それを模範とする国軍は、したがって実は敗北と滅亡に憧れる軍隊だということになる。白馬の前を行進して行く諸隊は、かならずしも勝利に向って進んで行くのではない。だが、それはかならず死と滅亡に向って進む。だから、「分列行進曲」は哀しいのである。……

私は、陸軍が戦果を上げるたびに「分列行進曲」を聴いた。そして哀しかった。〈中略〉戦果を次々と重ねるたびに、日本が一歩ずつ滅亡に近づいて行く。それが哀しく、またこの上なく甘美であった。（中略）そういえば、振武隊、正義隊、鵬翼隊、破竹隊などという薩軍諸隊の名称は、ほとんど富嶽隊、義烈空挺隊というような、大東亜戦争末期の陸軍特攻隊の名称を先取りしているではないか。

いうまでもなく、特攻隊とは、いわば立体化した「抜刀隊」にほかならない。（中略）もちろん大東亜戦争の末期には、玉砕時の斬込隊というものもあった。これは文字通りの「抜刀隊」で、夜陰に乗じ、白刃を振って敵陣に斬り込み、例外なく全員が玉砕するのである。

ここにいたったとき、国軍は、つまり帝国陸軍は、全く西郷に率いられた薩軍と同質の軍隊と化していた。そして、そのとき、御愛馬「白雪」に召された「大元帥陛下」の御姿は、不思議なことに鹿児島に落ちて行く西郷隆盛の姿と、なにがしか二重写しになって見えはじめていたはずであった。「官軍」と「賊」が、滅亡の瞬間に一致したのである。あるいは、「官軍」と「賊」が、一丸となって反逆者に変貌したといい直してもよい。つまり、「西洋」という、「普遍」を自任する巨大な力に対する反逆者に。……

外山が、「抜刀隊」の詩を「東洋学藝雑誌」第八号に発表したのは、明治十五年（一八八二）五月、三十五歳のときである。幕臣の子として江戸小石川柳町に生れ、蕃書調所に学び、最初の日本人留学生としてミシガン大学に学んだこの稀代の秀才が、その心の奥底に西郷、桐野や貴島の、そして特攻隊の諸士のエトスに通じるものを共有していたとしても、少しも不思議ではない。外山もまた二十一歳のとき、幕府留学生として滞在していた英京ロンドンで、幕府の瓦解、つまりは滅亡を遠望した一人だったからである。

昭和18年10月21日「出陣学徒壮行会」で演奏された『陸軍分列行進曲』は、江藤淳の言葉を敷衍（ふえん）すれば「葬送行進曲」だった。

出陣学徒は死と滅亡に向かって進むために、『陸軍分列行進曲』を必要とした。だから哀しく、心に染みたのだった。

# 第3章　ふたつの『君が代』

## 国歌も国旗もない！

明治新政府は、「国歌とは何か」「国歌は必要なのか」という疑問を抱く前に、いきなり国歌の必要性を外国によって突きつけられた。

明治2（1869）年7月、英国王子エジンバラ公が訪日し、明治天皇に謁見した。これに先立ち、横浜に駐在していた英国陸軍第10連隊軍楽隊から、「謁見時、英国国歌『ゴッド・セイブ・ザ・クィーン』を吹奏するので、日本の国歌の楽譜を用意するように」と要請があった。新生日本政府は驚愕した。公的な儀式に「国歌吹奏」が必須（当然）という発想が彼らには皆無だった。

新たな日本が誕生したとはいえ、当時の日本人の頭のなかにあった〝国（クニ）〟は、イコール〝藩〟でしかない。「国（クニ）に帰る」は、〝ふるさと〟であり、生まれ故郷であった。現在でも〝クニ〟といえば〝故郷〟を指す場合は多い。

官軍が幕府軍を倒し、新政府が樹立されたとはいえ、統一された「国家」という意識は庶民はもとより、政府高官にすらなかった。とても希薄だった。

明治維新直後の日本には、国歌も国旗もなかった。独立した国に国旗が必要であるということも、国歌が外交の儀礼上において必要不可欠であることも知らなかった。申し出を受けた接判使（儀典官）原田宗助と通訳（通訳官）の乙骨太郎乙は、軍務官に報告した。ところが軍務官もまた国歌の必要性を認識していなかった。

明治政府は窮地に立たされた。

原田と乙骨は考え、来日中の元英国軍楽隊長ジョン・ウィリアム・フェントンに相談する。フェントンから「国歌の存在しない独立国はない。国歌は是非とも必要」と強く国歌の必要性を諭され、フェントンの意向を汲んで、彼に作曲を依頼することにした。

問題は国歌の歌詞である。国歌には歌詞のない曲も多かったものの、フェントンは、世界を渡り歩いた経験から、「歌詞つきのほうが、国民に慕われる場合が多い」と進言。フェントンの申し出を受け、国歌の歌詞探しをスタートさせた。

薩摩藩の出身者である原田宗助は、薩摩琵琶に『蓬莱山』という名曲があり、その歌詞のなかに、「君が代」のあることに気づいていた。とにかく時間がなかった。「君が代」を提示しても誰も文句をいうものはいないだろうと推測し、乙骨と相談する。軍務官の了承を得たうえで、フェントンに提示した。

和歌「君が代」を提示されたフェントンは、早速作曲に取りかかった。だがフェントンに、和歌の素養があったとは考えられない。『蓬萊山』を聴いたことも、参考にしようと考えたこともなかったにちがいない。フェントンはイギリス人である。頭のなかは西洋音楽で埋め尽くされている。「君が代」の歌詞を納得できるまで吟味したとは思えなかった。

原田の吟ずる「君が代」は、フェントンにとってあくまでも〝音の流れ〟でしかない。「歌詞の意味を音符に込める」（韻を踏む）という日本的な発想からは、もっとも遠いところにあった。頭に浮かぶ旋律は教会音楽のコラールでありイギリス民謡であり、世俗カンタータであり、いわゆる西洋の音楽であった。

フェントンが作曲した『君が代』は、ポリフォニー（複数の独立したパートからなる音楽のこと）的な2分音符で作曲されている。和歌を理解できないフェントンは、西洋的な旋律とハーモニーのなかに、無理やり「みそひともじ」を組み込むしかなかった。というより、フェントンにとってはそれが当然の作業であった。

その結果、これを聞いた原田ら接判使たちを含めた関係者は驚いた。

なにしろ「君が代」の歌詞が途中でとぎれる。つまり「弁慶がな、ぎなたを持って……」式で韻律（プロソディ）がめちゃめちゃなのである。納得できる作品ではなかったものの、「国歌とはこんなものなのか」という感想を抱くしかなかった。なにしろ、原田たちは、他国の国歌を聴いたことがないのだ。加えて、フェントンは外国人招聘の偉い音楽家である。クレームをつけられる相手ではない。

日本は〝欧米化〟を目指して突き進んでいる。だから、〝欧米〟は圧倒的に優位に立つ。依頼したフェントンは〝西洋そのもの〟なのだ。日本人であるふたりの耳に、作曲された『君が代』がいかに奇異に響いたとしても〝西洋そのもの〟のフェントンに楯突くことなど論外であり、押し頂くしか選択肢はなかった。

日本人が「出羽守(でわのかみ)」、つまり「アメリカでは」「イギリスでは」と、外国との比較でしか論理を展開できなくなったのは、このときがはじめてではない。江戸時代、いやそれ以前から存在していた。

思想家の内田樹は著書『日本辺境論』のなかで、

> 日本という国は建国の理念があって国が作られているのではありません。まずよその国がある。よその国との関係で自国の相対的地位がさだまる。よその国が示す国家ヴィジョンを参照して、自分のヴィジョンを考える。……

> 日本人は後発者の立場から効率よく先行の成功例を模倣するときには卓越した能力を発揮するけれども、先行者の立場から他国を領導することが問題になると思考停止に陥る。

と「他国との比較」で立ち位置を確認すると述べている。

この「辺境の地日本論」を考えると、「ふたつの『君が代』」、『陸軍分列行進曲』の成り立ち、その後の運命的な経緯、「あまりにも日本的……」という持論の展開が読めてくるのである。

この初代『君が代』は、作曲された同じ年、明治2年9月8日、越中島で行われた観兵式の際、明治天皇臨御のもと、薩摩藩軍楽隊によって初演された。薩摩藩軍楽隊の隊員たちが西洋の楽器を手にしたのはわずか2ヶ月前である。2ヶ月とはいえ、楽譜に記された音符は大半が2分音符で、テンポが遅い。ロングトーンを演奏に代えたような楽曲だから、それなりの音がしたと考えられる。

フランスの国歌『ラ・マルセイエーズ』のように、速いパッセージとテクニック（初代『君が代』と比較して）を要する曲なら演奏にならなかったに違いない。フェントンの初代

『君が代』は、スキルの未熟な軍楽隊にとって幸いだった。臨御された明治天皇は、日本初演の『君が代』を聴いてどのような感想を抱いたのだろう。

## フェントン作曲の『君が代』に不満が充満

「国歌」に無知だった政府は、フェントン作曲の初代『君が代』に対して、どのような反応を示したのだろうか。西洋の音楽に馴染むことのできない多くの日本人、とくに直接数々の儀礼に関わる官吏には、常に耳に違和感を抱きながらの日々を送らねばならなかったことだろう。

一度成立した制度（決定事項）を簡単に覆したり、前例のないことを実行に移すことはいつの時代でも困難を極めた。だが、「どうしても馴染めない」という声は当初から存在した。「ここは日本国であり、日本人の感性に合う国歌が欲しい」。初代『君が代』は、応急措置としてつくられたという気持ちが周辺にあったのかもしれない。

明治９（１８７６）年、海軍音楽長中村祐庸（すけつね）は強行手段に打って出た。「天皇陛下ヲ視シル楽譜改訂之儀上申書」を海軍省に提出したのだ。海軍省も〝初代〟に対して違和感を抱いていたと思われる。異論はあったものの、これを受諾し、改訂に動きだした。

中村は考えた。「どうしても今の『君が代』に我慢がならない。しかし、ひと口に日本固有の伝統音楽といってもさまざまに存在する。これをひとつにまとめるには、宮中で採用されている音楽〝雅楽〟からヒントを得ることにすれば、誰もが納得するだろう」と。

だが問題が起きた。明治10年に勃発した「西南戦争」で、この計画が頓挫する。そのあいだに、肝心のフェントンが海軍軍楽教師の更新を、明治政府に拒否されたため離日してしまう。幸いに、西南戦争が終結し、戦後処理を終えた明治12（1879）年、ドイツからフランツ・エッケルトがフェントンの後任者として来日し、海軍軍楽教師として着任した。

前代未聞の「国歌改訂の一大プロジェクト」が動きだした。海軍省から宮内省に依頼がだされた。

宮内省から、「伶人（楽人）林廣守撰」として、伶人奥好義（よしいさ）による雅楽式墨譜と洋楽の五線譜が提供される。エッケルトが、これをもとに吹奏楽譜用に編曲した。これが現在使用されている『君が代』（2代目）である。1等伶人林廣守が複数の伶人たちに作曲させ、エッケルトを加えた伶人数人で選考し、最終的に奥好義の作品を海軍省に推薦した。

さらには制作に携わったエッケルトまでが、公表された翌年の明治14年、『ドイツ東洋

文化研究協会会報 第23号』に「日本国歌」と題し、「私は海軍省より、日本には国定の国歌が存在しないから作曲するように求められた……」と寄稿している。「作曲を依頼された」と述べているものの、エッケルトはフェントンのように自力で作曲するようなことはしなかった。

奥好義は、自作を雅楽譜に仕上げるとエッケルトに演奏（雅楽の演奏）して聴かせ、エッケルトはそれをモチーフとして洋楽譜にまとめ（旋律をつける）、ハーモニー（和音）をつけ編曲した。「洋楽譜として旋律を書き、ハーモニーをつけて編曲した」という事実は、「作品として成り立たせた」という自負心につながる。当然、単旋律は必要だが、それをさまざまな編成（オーケストラ版、四重奏版、吹奏楽版、ピアノソナタ版、合唱版……）にアレンジすることで、その音楽にはじめて命を注ぎ込むことになる。

推測だが、エッケルトが「作曲を依頼された」と述べた背景には、『君が代』の制作に深く関わってきたという強い自負心があったからだと思う。『ドイツ東洋文化研究協会会報』は日本国内だけではなく、ドイツはじめ広く海外に紹介された会報である。エッケルトの強い矜持（きょうじ）が伝わってくる気がした。

## 2代目『君が代』に隠された調性の秘密

2代目『君が代』は、明治13（1880）年10月25日、海軍軍楽隊によって試演された。「陛下奉祝ノ楽譜改正相成度之儀ニ付上申」として、翌日付で施行。同年11月3日の天長節で御前披露された。こうして『君が代』は、フェントン版からエッケルト版に正式に変更されたのである。

『君が代』のメロディは西洋の音階ではない。現在の楽譜を見ると、西洋音楽のハ長調として書かれているようなのだが、はじめと終わりの音が「レ（D）」である。ハ長調なら基本「ド（C）」のはずである。旋律は雅楽の「壱越調律旋」だといわれている。

東洋・日本音楽研究家の田辺尚雄は、「君が代」の調性について、

「君が代」の旋律は西洋の長音階でも短音階でもなく、わが国独特の壱越調律旋の音階をもって作られている。雅楽の律旋は平調・黄鐘調・盤渉調の三調が普通に用いられる。しかし、いずれも和風であって優美であるが、尊厳の趣が足りない。そこで最も尊厳である壱越調の律旋を用いたのである。（中略）「君が代」の旋律はまったくわ

が国独自のものであって、外国にまったくその比を見ない。国歌としてはまことに理想的なものである」

（『季刊邦楽』13号、１９７７年より抜粋。ＣＤ『君が代のすべて』解説）

原曲に命を注ぎ込むのは、アレンジ（編曲）する人のスキルにある。原曲を生かすも殺すもアレンジ力にかかっている。

アレンジしたエッケルトには、雅楽の「壱越調律旋」に馴染みがあったとは思えない。それに『君が代』が日本の国歌という意識のもとでは、西洋音楽のハーモニーをつけるわけにはいかない。なにより初代『君が代』のフェントン版が、日本人には馴染みのない西洋音楽のコラール風にまとめられたことで、日本の関係者からごうごうたる非難を浴び、結局「つくり直し」になった事実をエッケルトは知り尽くしていた。

エッケルトは雅楽の「催馬楽（さいばら）」を徹底的に分析して「壱越調律旋」の構成を解明し、そのエキスを取り入れたという説もある。エッケルトは、『君が代』の導入部（きみがよは……）と最終部（……すまで）にハーモニー（和音）をつけずに、ユニゾン（ふたつ以上の音が同じ旋律を奏でる：斉奏）にした。

はじめの「きみがよは……」がユニゾンのため、次の「ちよにやちよに……」にハーモニーをつけたことで曲に劇的な広がりを見せ、最後に再びユニゾンで消えゆくように締めるという効果は絶妙である。

作曲家の芥川也寸志は『私の音楽談義』で、『君が代』の成り立ちについて持論を展開している。

今だにニッポンメロディを、ヨーロッパの、しかも古いハアモニィでくるんだような音楽、見せかけだけのニッポン音楽、……当時の日本は西欧音楽をとり入れることに精一ぱいでしたし、そのために雇われた外人教師が、まだ日本音楽の組織的な研究が行われていなかった頃に、いきなり雅楽の旋律の編曲を依嘱されたのですから、まことにお気の毒なことであったと申すべきかもしれません。……旋律のはじめ（言葉でいえば〝君が代は〟という部分）と、おわり（〝むすまで〟という部分）とは、ハアモニィをつけなかった——つまり、ヨーロッパ流のハアモニィをつけることが不可能な部分は、全くのユニゾン（斉奏）にすることによって解決したのです。……

ニッポンメロディの外国料理。（中略）音楽教師エッケルトのハアモニィの作法の埒外に〝君が代〟の旋法が存在していたのです。彼にはとうてい料理することのできない材料だったにもかかわらず、強引にヨーロッパの調味料をふりかけてごまかしてしまった。……

要するに、彼はドイツクラシックという調味料しか使えない料理人だったわけで、全く日本独特のものである雅楽の旋法が、彼の手によって料理された結果はといえば、焼き直しても煮直しても、とても食べられそうにもないシロモノになってしまったのです。

といい、さらに芥川は、「これは、われわれ日本の作曲家にとって、まさに痛烈無比な教訓といえるでしょう」と「和洋折衷」を嘆いた。

## 異文化を取り込んで共存させるしたたかな日本人

『君が代』のメロディは、雅楽の壱越調律旋を主旋律に用いながら、ドイツ人音楽家エッケルトによる編曲で構成された。

その意味では「和洋折衷音楽」ともいえるだろう。この異文化を、意識的に取り込んで共存させる（新しい文化をつくりあげる）したたかな日本人の発想について、工業デザイナー栄久庵憲司は、『幕の内弁当の美学』のなかで興味深い事実を指摘している。

> 幕の内弁当をつうじてあらわにされたもののつくりかた、治めかたの型のめざすところは、なんでもとりこんですべてを活かす、摂取不捨の姿勢、衆生済度の構想なのである。……
>
> 幕の内弁当にこめられた、すべてを美しく救っていこうとする貪欲な、多面的な願いをひとつにまとめているのは、その美しい容れ物である。うつわというものは異質なものを共存させ、かえって共存することによって新しいものを創造させるはたらきをもっている。……
>
> この広さは和歌＝やまとうたの三十一（みそひと）文字の制約に似た役割をはたすものではないか、と直感する。三十一文字にしろ、十七文字にしろ、この制約は、創造を歪（ひず）め、そこなうよりは、誘発し、増幅させせる。……

> 異質なものをどんどんとりこんで、それぞれの特性をそがずに活かそうとする貪欲な美学が器＝うつわの広さの厳密な選択に依って救いの構造をうみ出したのである。こうした生き方の知恵が培われた背景には、異文明をどんどんとり入れ、それを活かし、深め、治めてきた永い歴史がある。日本の国土そのものが、四方を海に限られたひとつの器＝うつわである。……
>
> 日本列島の場合にも、外へはなかなか出られない。しかし何でもとり込む、というかたちで、容器性をもった国体（国体とは本来このような場合にもちいるべき言葉ではなかったか）にしたがって、諸外国の文化をとりこんで醱酵させてきたのである。おのずから容器の内部は稠密となり、内圧が高まる。内圧が高まればものごとは相互に重複しあい、密なる関係をむすびあう。この内部葛藤から、ものごとそれぞれが熟成していく。日本文化の質はこうして高められてきた。

と、異文化をどんどん取り入れ、日本の伝統文化（食文化）に仕立てあげてしまう日本人のしたたかさを思い知らされる。合作『君が代』も、日本人が培ってきた〝知恵〟といえるだろう。

内田樹は、『日本辺境論』のなかで、

> そもそもフェントンがヨーロッパではどこの国でも国歌というものがあって、儀礼の時には演奏するものである、日本だけないとまずい、とアドヴァイスしたことが国歌制定のきっかけです。「世界標準ではこうなっているから」という理由で、ナショナル・アイデンティティを表象するものが誕生した。ことの順序を間違えてはいけません。外交プロトコル（筆者注：国際儀礼上の約束ごと）上の必要から国歌は制定された。もともとそういうものがあったわけではないし、そういうものがなければならないという考えもなかった。単なる「外圧」の結果なんです。

と述べている。

確かに外圧に屈したというのは理解できる。しかし、列強諸国の外圧に抗し（持ち堪（こた）え）、不平等条約の廃棄という大命題の克服のためには、応ずる、というより「とりあえず取り入れる」という面従腹背的な妥協しかなかった。

もっとも、異文化を積極的に取り込んで共存させることに長（た）けていた日本人には、「外圧」も意外に平気だったのではないかと思えるのだが……。さらに、「日の丸」というのはご存じのとおり「日本」「日ノ本」「日出づる処」の図像的表現です。地学の基礎知識があればわかりますが、「日ノ本」というのは「あるところから見て東方に位置するところ」ということです。「あるところ」とはもちろん中国です。「日本」というのは「中国から見て東にある国」ということです。それはベトナムが「越南」と称したのと同じロジックによるものです。もしアメリカ合衆国が「メキシコ北」とか「カナダ南」という国名を称したら私たちは「なんと主体性のない国名だ」と嘲笑するでしょう。けれども、「日本」という国名は文法構造上そういうものです。だからこそ、幕末の国粋主義者佐藤忠満は「日本」という国名はわが国の属国性をはしなくもあらわにする国辱的呼称であるから、これを捨てるべきだと主張したのです。今日の「ナショナリスト」たちがもし日本の属国性をほんとうに恥じ、「ふつうの国」になりたいとほんとうに念じているなら、「本態的ナショナリスト」である佐藤忠満の主張した「日本」という国号と「日の丸」の廃止について態度を決するべきでしょう。

と、日本という国名の成り立ち（中国からみたら辺境である）に言及している。
また、「朝日新聞」（2020年2月6日付）に、

> 奈良時代に政権中枢で活躍した文人政治家、吉備真備（きびのまきび）（695~775）が、8世紀前半に遣唐使として留学中に書いたとみられる墓誌が中国でみつかった。……この墓誌が注目されるのは、末尾に「秘書丞（ひしょじょう）褚思光（ちょしこう）文」と「日本国朝臣（あそん）備書」とあるためだ。……
> 唐代の墓誌で「日本」という文字が確認されたのは4例目。国号の日本は7世紀後半に国内で使われるようになったとされるが、日本人が書いた最古級の「日本国」の文字でもある。

とあり、この時代にすでに「日本」という国名を公的に使用していたことがうかがえる。

内田の指摘した「日本」＝「辺境」という図式には、この「島国日本」という〝辺境〟に関して、〝辺境〟ゆえに消滅することのなかった（残された）音楽があった。それが「雅

楽」である。雅楽発祥の地とされる中国や東南アジアの国々では、とうの昔に絶え、その名残さえない古代宮廷音楽が、日本にだけは残された。「日本列島は行き止まりだから、輸入したものがそこから先へ抜けないで、溜まってしまった」という。日本が〝辺境〟ゆえのメリットといえるのだろうか。

作曲家林光は『わたしの日本音楽史』で、

雅楽が、雅楽として千数百年、存在しつづけたという以上に、日本の音楽に、まったく重要な影響をあたえなかったということ。つまり、雅楽は、雅楽としてありつづけること以外に千二百年間、なにひとつしなかった、ということだ。

と持論を展開する。

しかし、『君が代』誕生に関して、雅楽はその旋法（壱越調）で大いに貢献した。いや、最後のご奉公をしたというべきかもしれない。和歌「君が代」が国歌『君が代』に変身したのだから。

## 『君が代』の歌詞に秘められた謎

『君が代』の旋律は、エッケルト版で一応の決着をみた。

一方、『君が代』の歌詞はどのようにして誕生したのだろう。初代『君が代』を作曲したフェントンは、儀典官の原田宗助が紹介した薩摩琵琶の名曲、『蓬莱山』にある「君が代」をもとにしたことはすでに述べた。原田は薩摩藩の出身である。名曲『蓬莱山』を思いついた（大山巌が『蓬莱山』にある「君が代」の歌詞を勧めたという説も）のは偶然とは思えない。以下、『蓬莱山』の歌詞である。

〽目出たやな　君が恵は久方の　光長閑き春の日に　不老門を立出でて　四方の景色を詠むれば　峯の小松に雛鶴すみて　谷の小川に亀遊ぶ

〽君が代は　千代に八千代に　さざれ石の　巌となりて　苔のむすまで

〽命ながらへ　雨　塊を破らず　風枝を鳴らさじと言へば　又堯舜の御代もかくあらん。かほど治まる御代なれば　千草万木花咲き実る。五穀成熟して　上には金殿楼閣の甍を並べ　下には民の竈厚くして　仁義正しき御代の春　蓬莱山とは是とかや。

君が代の千歳の松は常磐色（ときわいろ）　変らぬ御代の例（ためし）には　天長地久と国も豊かに治まりて
弓は袋に剣は箱に納め置く。諫鼓苔深うして鳥もなか〳〵　驚く様ぞなかりける。
（CD『君が代のすべて』吉川（きっかわ）英史解説から）

これは言祝（ことほ）ぎの歌である。永遠の長寿と繁栄を願う慶賀の歌である。薩摩琵琶は、室町時代も末期、薩摩藩主島津忠良（日新斎）が教訓歌をつくり、盲僧琵琶の淵脇寿長院に作曲させたことにはじまる。薩摩琵琶は語り物の系譜に属する邦楽である。つまり、琵琶を伴奏楽器として用い、長編の物語を吟じ聴かせる。その意味からいうと、『蓬萊山』は数分の短い曲で、薩摩琵琶には数少ない珍しい曲といえる。

「君」というのは誰を指すのだろう。邦楽研究家の吉川英史は、『季刊邦楽13号』（1977年）に「君が代 その歴史と価値と問題点」と題し、「君」と「国」を、

封建時代には、「国」といっても日本国全体でなく、一つの藩を指すこともあった。「蓬萊山」における「国」も薩摩藩の領地を指し、「君」は藩主を指したかもしれない。そうでなければ、漠然と「仕える主人」くらいの意味であろう。

と指摘している。

関ヶ原の戦いで敗れた薩摩や長州が、徳川幕府を敵視して距離を置き、やがて幕府と対立関係にあった朝廷と結び幕府を倒すことになった。だから、『蓬莱山』の「君が代」にある「君」というのは天皇だというのは早計だ、と吉川はいう。

儀典官の原田宗助はフェントンに対し、『蓬莱山』にある「君が代」の意味について説明した。耳慣れた原田がみずからひと節吟じたのかもしれない。原田がすぐに『蓬莱山』の歌詞にある「君が代」を思いついたように、当時「君が代」は誰もが知っている有名な和歌だった。それほど有名なら、『蓬莱山』のほかに「君が代」の歌詞が用いられたいわゆる邦楽はないかと、探してみるとある。


江戸期は、十三弦（箏曲）や三味線音楽が花開いた時代でもあった。たとえば地歌の『難波獅子』（大坂の継橋検校作曲）の最初に出てくる和歌が「君が代」である。また同じ地歌『鶴の巣籠』にも「君が代」が取り入れられている。箏曲の『秘詠譜』のなかにある『朗詠』という曲にも「君が代」が見られる。

吉川は、「これらの地歌や箏曲は、一種の家庭音楽であり、ホームソングである。あらたまって天皇のために祝賀するような意識で奏されたとは思えない」と指摘する。

常磐津や長唄の『老松』にも「君が代」が採用されている。狂言の『相合烏帽子』、近松門左衛門作の浄瑠璃『花山院后争』、近松半二作の『妹背山婦女庭訓』にも「君が代」がでてくる。

薩摩琵琶が誕生したのとほぼ同時期に、『隆達節（りゅうたつぶし）』が誕生している。『隆達節』は、堺の商人高三（たかさぶ）隆達という男が芸能界に転身し、流行らせた世俗的芸能である。「隆達小歌」ともいわれ、中身は大半が男女間の情歌である。ところが、自筆になる歌集の冒頭に、現在歌われている「君が代」と同じ歌詞が書かれている。情歌や恋歌で埋め尽くされている作品にある「君が代」の「君」は、思いを寄せる「主さん」であり、「そなた」になる。しかし、冒頭に置かれているということは別格扱いで、祝賀の歌としてはじめに置いたのだろうと吉川は分析する。さらにさかのぼる。

鎌倉時代に誕生したといわれる延年の舞にも「君が代」が歌われた。とくに興福寺の延年の舞でも歌を担当したのは僧侶で、これは民衆を寺に引きつけるためであった。このことが「君が代」を民衆間に広めることになったといわれている。田楽能の『菊水』にも、謡曲の『老松』『養老』『弓八幡』『春栄』『呉服』にも「君が代」が登場する。

「君が代」の本歌は、延喜5（905）年の『古今和歌集』に「賀」の歌として収められている。

わが君は　千代に八千代に　細れ石の　巌となりて　苔のむすまで

「君が代」ではなく、「わが君」とある。わたしが敬愛するわが君の長寿を祝う歌である。小さな石が集まり、大きな石となり、それに苔が生えるまで健やかでいてくださいと、心を込めて寿（ことほ）ぐ。『古今和歌集』には、「詠み人知らず」となっている。作者不明という意味だ。実際、「さざれ石」が集まって「巌」となっている場所がある。

そして江戸時代になると、「君が代」は、爆発的に庶民の間に広がっていった。「正月の行事として、お祝いの餅を食べる時、『君が代』の歌を口の中で唱えながら祝い箸をとった。その様子は、『芭蕉七部集』の中の付句に、『わが春の若水汲みに昼起きて／餅を喰ひつつ祝ふ君が代』とみえる」（CD『君が代のすべて』所 功（ところいさお）解説から）。また、「君が代」が「家毎の書き初の歌」として用いられたことなど、「君が代」の行く末にも長く、また健やかであることを祈る「寿歌」として広まっていった。

「君が代」は、各地にある民謡にも用いられている。伊勢国菰野(こもの)の『碓(うすひ)挽き歌』、備前国岡山の『盆踊り歌』、また『秋田万歳』など。秀逸なのは、若狭(わかさ)の瞽女(ごぜ)（盲目の女遊芸人）が春のはじめや節供などに、「瞽女のものもらひに歩く」（『古詠考』伴信友）とある。ご詠歌のような節回しで門付(かどづけ)したと考えられている。瞽女の歩く範囲の大半が、農村・漁村地帯であることからも、「君が代」は全国津々浦々まで知れ渡っていたことを示している。

こうして「君が代」は、雅楽、民謡、邦楽、瞽女唄にまで詠み込まれ、さまざまなバリエーションを駆使して使われた誰もが知る名歌になった。儀典官の原田宗助が、故郷の薩摩琵琶『蓬莱山』のなかから「君が代」の部分を抽出してフェントンに提示したというのも、実に自然な行為といえるだろう。

# 第4章　奮闘！　伊澤修二の心意気

## 学校教育も、外国人音楽家に頼るしかなかった

第1・2章では、フランス人であるシャルル・ルルーが作曲した『抜刀隊』と『扶桑歌』、それにこのふたつの曲を合体させた『陸軍分列行進曲』を紹介した。第3章では、国歌『君が代』を、初代はフェントンというイギリス人が作曲したが、歌詞との整合性が問題視され、拒否される。エッケルトというドイツ人を中心に2代目『君が代』をつくりあげたことを述べてきた。

いずれも外国の音楽家が色濃く関わりをもった。明治時代の初期、学校教育の現場、とくに音楽教育でも同様に外国人音楽家の助けを必要とした。それを実践したのが伊澤修二という人物であった。

伊澤といえば、アメリカのルーサー・ホワイティング・メーソン（アメリカの音楽教育の改革に成功し、初等音楽教育の第一人者として知られていた。ボストン滞在時代、留学中の伊澤に唱歌の指導をしたことが縁で、明治13年に来日、15年7月まで滞在）とともに日本の「唱歌」を確立させた人物として広く知られている。

１８７２（明治５）年８月、近代的な学校制度を取り入れた「学制」が制定される。全国に小学校と中学校が設置された。そして、音楽の科目として小学校に「唱歌」、中学校に「奏楽」が設けられた。

作曲家の團伊玖磨は、『私の日本音楽史』で、

メーソンに与えられた任務は、雅楽などわが国在来の音楽の取調べ、東京師範学校・同女子師範学校附属の小学校・幼稚園での唱歌の指導、音楽取調掛伝習生三〇名に対する実技指導などでした。

と述べている。

それとともに進めたのが、「唱歌教育の教材とすべき唱歌集の選曲・編纂」だった。

当然、伊澤修二を統括責任者に、宮内省雅楽課の伶人や文学者などが関わり、明治14（１８８１）年発行の『小学唱歌集』（初篇・33曲）、16年（第二篇・16曲）、17年（第三篇・42曲）、20年（『幼稚園唱歌集』29曲）と４冊の唱歌集を完成させた。

メーソン離日後にエッケルトが加わった。エッケルトが関与した作品（第三篇）以外は、

すべてメーソンの選曲によるものである。

作品は、「泰西名曲に日本語の歌詞をつけたもの」「雅楽や俗楽から採用されたもの」「新たに創作されたもの」であったが、今でも歌い継がれている多くの唱歌は、やはり欧米の名曲に日本語の歌詞をつけたもので、ここでも外国人音楽家の力を借りた。いくつか代表的な唱歌を挙げてみる。大半の方が知っている名曲ぞろいである。

『見わたせば』（みわたせばあおやなぎ……。柴田清煕・稲垣千穎作詞、ルソー作曲『むすんで開いて』）

『蛍（蛍の光）』（ほたるのひかり、まどのゆき……。作詞者未詳、スコットランド民謡）

『うつくしき』（うつくしき、わがこやいずこ……。稲垣千穎作詞、スコットランド民謡「スコットランドの釣鐘草」）

『霞か雲か』（かすみかくもか、はたゆきか……。加部厳夫作詞、ドイツ民謡）

『才女』（かきながせる、ふでのあやに……。作詞者不詳、スコット夫人作曲『アンニー・ローリー』）

『菊（庭の千草）』（にわのちぐさも、むしのねも……。里見義作詞、アイルランド民謡）

『ちょうちょう』（ちょうちょう、ちょうちょう……。野村秋足・稲垣千穎作詞、スペイン民謡）
『埴生の宿』（はにゅうのやども……。里見義作詞、ビショップ作曲）
『故郷の空』（ゆうぞらはれて、あきかぜふき……。大和田建樹作詞、スコットランド民謡）
『旅愁』（ふけゆく、あきのよ……。犬童球渓作詞、オードウェイ作曲）
『故郷の廃家』（いくとせふるさと、きてみれば……。犬童球渓作詞、ヘイス作曲）

雅楽や俗楽から採用された『四季の月』（雅楽の旋法を取り入れた）、『風車』、伊澤修二の作曲になる『皇御国（すめらみくに）』などは、残念ながら現在まで歌い継がれることはなかった。それだけ外国の民謡や音楽家の作曲による名曲には伝播させる力があったというべきだろう。「奏楽」は、文字どおり楽器を演奏し歌曲を歌うということなのだが、実際には洋楽器を演奏できる教師も、外国の楽譜もオルガンなどの西洋楽器も入手困難であった。

作曲して新曲を提供したくとも作曲技法も未熟では、それも無理な話である。現実的には、手っ取り早く外国の歌曲（歌い継がれた唱歌、民謡や流行り歌など）をそのまま輸入するしか方法がなかった。メーソンやエッケルトが推奨する唱歌中心の音楽教育しかできなかったのだ。

## 音楽取調掛に求められたもの

伊澤は、音楽取調掛（東京音楽学校。現 東京藝術大学音楽部の前身）に入り、学校音楽の普及に尽力した。加えて、台湾総督府で植民地における学務部の官僚として日本語教育の第一線で活躍し、さらに吃音（どもること）矯正の教育者、中国語の研究者としても功績を残した。

1851（嘉永4）年、伊澤修二は信濃国高遠（現 長野県伊那市）に高遠藩士の子として生まれた。61（文久元）年、藩校の進徳館で学び、67（慶応3）年、江戸へ出て、ジョン万次郎に英語を学ぶ。70（明治3）年、高遠藩の貢進生（特待生）として上京し、大学南校（現 東京大学）に入学する。72（明治5）年には文部省に出仕。74（明治7）年、愛知師範学校（現 愛知教育大学）の校長となる。そして、75（明治8）年、師範学校教育の調査のためアメリカに留学した。

伊澤は、マサチューセッツ州ブリッジウォーター師範学校で学び、グラハム・ベルから視話術を、ルーサー・ホワイティング・メーソンから音楽教育を学ぶ。78（明治11）年に帰国し、その翌年、東京師範学校（現　筑波大学）の校長になると同時に、音楽取調掛（御用掛）を兼務する。このとき恩師メーソンを招聘する。内閣制度が発足し、85（明治18）年、森有礼が文部大臣に就任。森の下で、教科書の編纂に努めた。86（明治19）年、文部省編輯（へんしゅう）局長。88（明治21）年、東京音楽学校長。90（明治23）年、東京盲唖学校（現　筑波大学附属視覚特別支援学校）長。95（明治28）年、台湾総督府民政局学務部長心得。97（明治30）年、勅撰貴族院議員。99（明治32）年、東京高等師範学校長を務めた。

１９１７（大正６）年に死去。享年67。雑司ヶ谷墓地に眠る。

アメリカ留学時代、のちに来日し、伊澤の片腕として協力するメーソンの家に泊まり込みで音楽の手ほどきを受けた。

そのとき、アメリカの唱歌「Lightly row」の旋律を気に入り、これに「ちょうちょう、ちょうちょう。菜の葉にとまれ」の歌詞をあてて曲にまとめた。今日誰でも知っている『ちょうちょう』である。外国の曲に日本語をはめ込むという手法は、伊澤が帰国後、音楽取調掛で「小学唱歌」を立ちあげたときに採用した方式を、留学時代にすでに実現していたことになる。

アメリカから帰国した伊澤は、東京師範学校長就任時から、「音楽伝習所」の設立を文部省に強く迫った。師範学校長との兼務である。伊澤は文部省に「音楽取調ニ付見込書」を提出した。「音楽取調掛で何を行うべきか」の意見書である。そのなかで次のように提言した。

第一項　東西二洋ノ音楽折衷ニ着手スル事
第二項　将来国楽ヲ興スベキ人物ヲ養成スル事
第三項　諸学校ニ音楽ヲ実施シテ適否ヲ試ル事

ただし、どれもはじめてのことである。単に「正論」を述べるにとどまらず、実践的な提言としての伊澤の心意気が伝わる。

第一項では、まず日本と西洋の音楽の類似点と相違点を見つけ出すこと。西洋と日本の音楽では異なる点が多い。西洋の神歌（賛美歌）と日本の琴歌（琴の伴奏で歌われる歌曲）に関しては、非常に似たような風情を感じさせる。だから西洋の童謡を集め、これを和洋折衷して多くの歌曲をつくり、将来、小学校の生徒に歌わせるべきである。

第二項の「国楽」というのは、「国楽トハ我国古今固有ノ詞歌曲調ノ善良ナルモノヲ尚研究シ、其ノ足ラザルハ西スル洋ニ取リ、終ニ貴賤ニ関ハラズ又雅俗ノ別ナク誰ニテモ何レノ節ニテモ日本ノ国民トシテ歌フベキ国歌、奏ヅベキ国調ヲ興スヲ言フ」と定義した。ここでも「足りない部分は西洋から取り入れる」という和洋折衷的な意味合いを否定しない。

以上の点から、理論と実践を兼ね備えた音楽教師の養成が必要なのだが、時間と人材が限られている状況下では、実技を学ばせることを優先すべきだと説いた。実際、楽器（とくにオルガン）も乏しく、それを指導する教師も皆無の手探り状態では、教師が楽器を弾き、生徒が歌う以外になかった。ここに「歌うことこそ唱歌」という意識が生まれたとしても不思議なことではない。

日本国の欧米化を進めるには手っ取り早く、現実的な路線をセレクトするしかなかった。ルルーの『陸軍分列行進曲』、フェントンとエッケルトによるふたつの『君が代』、そして外国の名曲に日本語の歌詞をつける『小学唱歌集』と『幼稚園唱歌集』である。

その発想と思想性は、鹿鳴館の竣工と酷似している。とりあえず〝形〟から入る。〝模倣〟こそ、日本人のもっとも得意とする手法のひとつだ。「これだ」と思うものを素早く取り込み、何ごともなかったように〝日本化〟させていく。〝日本化〟したものを「伝統」と称する。

第7章で日本の伝統音楽の歴史を紹介するが、日本人の「取り入れて（模倣して）咀嚼する」という卓越した技術（けっして悪い意味ではない）こそ、日本人が誇るべき最大の武器なのである。

## 伊澤修二と『君が代』

明治政府は、どこまで本気で『君が代』を「国歌」として国民全体に追認させようとしたのだろうか。

伊澤修二は「国歌」の成立も真剣に考えていた。だが、伊澤が文部省からの下命により、「国歌制定」に取り組んだ事実はあまり知られていない。もっとも、この時期の文部省以下、海軍省も陸軍省も、政府そのものが「国歌」の意味、位置づけを完全に把握していたのか、疑問なのである。

メーソンは文部省の音楽取調掛担当官だった伊澤とともに、音楽教員の育成方法や教育プログラムの開発と実施に携わった。当初から、文部省と伊澤らのあいだには明確な差違があった。つまり、メーソンや伊澤が目論んだ「洋式教育」に、「奏楽」（演奏技術の向上）や音楽教育者の育成など、多くのことを盛り込んだのであった。

先進国アメリカの実情を目の当たりにした伊澤には、音楽教育に関して多くの夢があった。しかし海外の実情に疎く、国学者らの存在を無視できない文部省の役人には、伊澤とメーソンの要求を「性急だ」と一蹴した。

文部省は強行手段に出た。2年間滞在したメーソンが、滞在の延長を望んだにもかかわらず拒否したのだ。これは「予算の都合上」とする文部省の見解だけではない。ふたりの関係を分断することで、伊澤らの要求する勢いを削ごうとしたのだろう。

音楽取調掛の新設を望んだ伊澤は、「和洋の音楽を折衷して新しい曲の制作（作曲）を目指す」ことを第1目標に掲げていた。しかし、政府・文部省の考えは、あくまでも音楽教育の根幹は「歌うこと＝唱歌」であって、西洋の音楽様式の取り込み（和洋折衷）ではなかった。

日本語学・日本思想史の研究家山東功は、『唱歌と国語――明治近代化の装置』で、歌詞という点に関して言えば、音楽取調掛が設置された一八七九（明治一二）年頃は、儒教主義的な徳目の強調が顕現化した時期でもあった。

とする。反動的な国粋主義が勃興し、

慶応義塾のような洋学塾に抗して、二松学舎のような漢学塾も盛況となっていたのである。……

学制の導入を目論んだのは洋学派であったが、具体的な教科内容の整備は、洋学派だけでは手に負えないものであっただろう。……

つまり洋学の発想で整備が進んだ教育体制において、洋学者との拮抗関係の中で国学者も国語教育に従事していたというように捉えれば、明治前期教育制度に即応する形で、唱歌教育も成立していったと見ることができるのである。極言すれば、国語教育の中から唱歌教育は誕生したと言うこともできるのである。

と指摘した。音楽教育の分野だけではなく、国語教育そのものにも、「西洋vs東洋」という図式（派閥）を抜きには考えられなかった。

外国の唱歌を、そのまま和訳してメロディにのせても意味がないことは伊澤も十分に承知していた。フェントン版の『君が代』のように、韻を踏まない歌詞では、歌そのものが崩壊する。そして、

儒教主義的な徳目の強調がなされていたにしても、歌詞について伊沢が問題点として指摘しているのは、歌詞の句数字数といった具体的な韻律的側面への配慮であった。内容もさることながら、正しく歌えなければ全く話にならないからである。


と述べる。

伊澤が目指す日本の音楽教育は、メーソンの身体に流れる「洋（西洋の音楽。とくにメーソンはアメリカの初等音楽教育の第一人者である）」と伊澤の身体に流れる「和（儒教的精神を含む）」の折衷であった。

『音楽事始　音楽取調成績申報書』（明治17年、音楽取調掛の編んだ『音楽取調成績申報書』）

のなかで、伊澤は、「各国にはそれぞれの言語がある。そこに住む人たちの性質と風土から自然に生まれるものだ。人が無理に手を加えたりして変えてはならない。音楽は人の情から発せられ、心の向かうところから生まれるものだ。だから各国には各国の音楽が生まれる。他国の音楽を無理に取り込んで成功した例を知らない。和と洋のいいところを取り入れ（折衷）、日本に適した音楽を制定するべきだ」（注：筆者要約）として、前述の「東西二洋ノ音楽折衷ニ着手スル事」「将来国楽ヲ興スベキ人物ヲ養成スル事」「諸学校ニ音楽ヲ実施シテ適否ヲ試ル事」を提唱した。

さて、伊澤自身、音楽教育のなかで『君が代』について、どのような考え方をしていたのだろうか。

明治12年に音楽取調掛兼務となる伊澤は当然、エッケルト版の『君が代』を聞いていた。『君が代』は、『古今和歌集』をはじめ、世間的にも流布している「君が代」という和歌に、フェントンは初代『君が代』を作曲し、エッケルトは2代目『君が代』を編曲・演奏用にまとめた。

つまり、『君が代』が日本人と外国人による合作であることを認識していたはずだ。伊澤が強く望んだ、和洋折衷の見本的な『君が代』を聴いて共感すべき意図を読み取ったと思う。

1882（明治15）年、すでにエッケルト版の『君が代』が存在していたという現状にもかかわらず、文部省が音楽取調掛に「国歌制定」を命じたのである。奇妙なことに、『小学唱歌集』のなかに「国歌」を加えろという命令なのだ。国を代表する（象徴的な）「国楽」としての「国歌」に拘ったはずの2代目『君が代』は、「国歌」として未承認だったのだろうか。

実際、国も文部省も「国歌」というとらえ方が曖昧、というよりいい加減だった。フェントンが「国歌」の重要性を説いたにもかかわらず、その意味を完全に理解していたわけではなかった。無理もないことである。先にも述べたが、新政府が樹立される以前は、出身藩が「国（クニ）」だったのだ。官僚の意識下には、まだ「藩」＝「国（クニ）」という強い思いこみがあった。だから「国歌」の制定を、海軍省、陸軍省、文部省がそれぞれバラバラに、勝手に解釈したとしても致し方のないことだった。

## 『サザレイシ』「小学唱歌『君が代』」「ラッパ譜『君が代』」

1877(明治10)年、文部省は、東京女子師範学校(現 お茶の水女子大学)附属幼稚園へ、「唱歌は女子の教育と幼稚園の幼稚保育には重要な教科」という理由で「保育唱歌」をつくるよう指示した。

東京女子師範学校附属幼稚園では、宮内省雅楽課に作曲を指示する。1880(明治13)年6月までに100曲を超す「保育唱歌」がつくられた。そのなかに『サザレイシ』というタイトルの唱歌が含まれていた。

作曲したのは、2等伶人東儀頼玄(とうぎよりはる)である。東儀はこれを雅楽調にまとめた。歌詞は『君が代』そのものなのだが、メロディは違った。それも最高音が上の「ソ」、最低音が下の「ラ」と2オクターブ近い音程であった。

1語(たとえば「八千代に〜」)を長くのばしたり、今でいう演歌の「こぶし」を入れたり、前打音に似た音を付け加えたりの超難曲に仕上げられた。おとなでさえ容易には歌えない。「保育唱歌」としては不適切だった。

「保育唱歌」には、『サザレイシ』のほかに、エッケルト版の『君が代』も含まれていた。

エッケルト版はすでに海軍の儀制曲（儀式用の曲）として認知されたものを、「保育唱歌」に取り入れたという説と、もともと「保育唱歌」として作曲したものを「国歌」の候補作として海軍に渡したという2説がある。ここにもまた、「国歌」という認識のズレがみられる。

伊澤修二が監修した『小学唱歌集 初篇』には先に記したように33曲の唱歌が収められ、その23番目にあるのが唱歌『君が代』である。エッケルト版とは違う。

一

君が代は　　ちよにやちよに
さゞれいしの　　巌となりて
こけのむすまで　　うごきなく
常磐かきはに　　かぎりもあらじ

二

きみがよは　　千尋の底の
さゞれいしの　　鵜のゐる磯と

あらはるゝまで　かぎりなき
みよの栄を　　　ほぎたてまつる

（山田孝雄『君が代の歴史』）

1番の歌詞の1行目は、従来の『君が代』である。2番の歌詞の1行目は源頼政の歌。1、2番の歌詞の2行目は、稲垣千穎の補作による。

源頼政は、鵺(ぬえ)退治の逸話で知られる平安時代末期の武将。1180（治承4）年、源頼朝挙兵に先立って平氏打倒に以仁王を奉じて挙兵。宇治にて敗死した。和歌にも精通していた。この歌は、『源三位(げんざんみ)頼政家集』に収録されている。

作曲は、「英国古代の大家ウェブ作曲の古歌」とされている。伊澤の恩師メーソンが来日直前に編纂した賛美歌集「メーソン編纂 賛美歌と歌曲」のなかの1曲を、『君が代』の歌詞にあてた作品である。

つまり、小学唱歌版「君が代」は、まさに西洋と日本の〝合作〟なのである。曲調は平凡で単調である。しかし、前出の『サザレイシ』の雅楽調とは違い、平易な賛美歌を連想させる。小学生には歌いやすい曲といえた。

『君が代』は陸軍の礼式ラッパ譜を入れて都合5つあった。
1885（明治18）年12月、陸海軍のラッパ隊が統一されることになり、『陸海軍ラッパ譜』が制定された。

ラッパ譜「君が代」は、国歌演奏の際で軍楽隊が不在の場合に使用された。海軍では「皇族以上ニ対シ敬礼ヲ行フトキ及一月一日、紀元節、天長節、明治節ノ遥拝式並ニ軍艦旗掲揚降下ノトキ」と定められていたのに対し、陸軍は「天皇及ビ皇族ニ対シ奉リ用フ」と簡単であった。

（CD『君が代のすべて』解説）

その趣旨を尊重すれば、これを第5番目の『君が代』ということができる。

皮肉にも、この「陸海軍ラッパ譜」が制定された一八八五年（明治一八）、陸軍軍楽隊は、終始無視しつづけてきたきた林廣守撰譜（筆者注：エッケルト版）の「君が代」を、礼式音楽として採用したのでした。

（團伊玖磨『私の日本音楽史』）

ただし、この時点でも、エッケルト編曲・林廣守版『君が代』は、正式に「国歌」として制定されていない。

エッケルト版の『君が代』が成立した推移を熟知しているはずの陸軍省は、これを採用することなく、幕末以来の敬礼ラッパ曲『陣営』を使用しつづけた。陸軍vs海軍という組織の確執は、この頃から芽生えていたのかもしれない。陸軍省がエッケルト版の『君が代』を正式に採用したのは、『陸海軍ラッパ譜』が制定された1885（明治18）年だった。

その後、1888（明治21）年、海軍省はエッケルト版『君が代』を「大日本礼式」として諸外国と国内諸官庁に配布した。また、1893（明治26）年8月、文部省制定の「祝日大祭日歌詞及び楽譜」が、文部省告示第3号、官報3037号をもって公布される。『君が代』は選曲された8曲のトップに置かれた。さらに1900（明治33）年8月、祝祭日儀式の最初に『君が代』の斉唱が、文部省によって定められた。

国歌『君が代』の成立には紆余曲折があった。史観や国歌という概念の問題などが複雑に絡み合い、結論を得ることができず、福岡孝弟文部卿の言は「国歌制定は至大至重のことにつき、日本国歌案の名称をやめ、明治頌の名称を付し云々」とトーンダウンしている。

その後、正式に「国歌制定」に取り組むことはなかった。エッケルト版の『君が代』が正式に「国歌」として制定されるには、1999（平成11）年に「国旗国歌制定法」ができるまで長い時間がかかった。文部省が音楽取調掛に「国歌制定」を下命してから実に、117年の時を経て日本国の「国歌」が制定されたのである。

## 「和洋折衷」こそ新生日本の目指したもの

明治政府は、欧米列強に対する不平等条約の改定、富国強兵、欧化政策の推進などのためには、なりふり構わず欧米のありとあらゆるものを取り込み、模倣し、吸収した。

音楽的な教養も、演奏や作曲の技術もない現状では致し方のない方法だったと思う。アメリカ、イギリス、フランス、ドイツから音楽家を招聘し、短時間のうちに多くのことを吸収した。即席とはいえ、陸海軍の軍楽隊としての体裁を整えた。

「先進国には国旗と国歌が必要だ」と進言されると、「国旗・国歌」の必要性の真意を完全に理解することなく、外国人の助けを借りながら無条件で受け入れた。音楽教育の必要性を唱えながら、純粋な邦楽（雅楽含む）を基調にした作品の制作よりも、「和洋折衷」と称して外国の名曲に、原曲にある歌詞の内容とは無関係に勝手に日本語の歌詞をつけた。

そこには日本人としての矜持も自負心も、忸怩たる思いも見受けられなかった。「富国強兵」は待ったなし。一部で「国学派」vs「洋学派」という対立はみられたものの、結局、欧化政策という国の方針に飲み込まれた。

とくに、前述したとおり『陸軍分列行進曲』の誕生にいたっては、ルルー自身で作曲・編曲したという事実はない。誰かが、ルルーが作曲した『抜刀隊』の全曲を『扶桑歌』のイントロで挟み込むという究極の「禁じ手」を駆使して完成させたのだ。

『陸軍分列行進曲』の制作・編曲に関して、ルルーの承諾を得ていたとも思えない（もっともルルーは、大正15年没）。ルルー没後の昭和3（1928）年発売の際は、『分列行進曲』ではなく、『扶桑歌』と題されている。

しかし、前述したとおり、ルルーが作曲した『扶桑歌』は、『陸軍分列行進曲』とは完全に別モノである。なにものかが『扶桑歌』のイントロ部分のみを取り外し、トリオ（中

間部）にはまさしくルルー自身が作曲した『抜刀隊』そのものを挟み込んだのだ。江藤淳の言葉を借りれば、

「抜刀隊」がいつの間にか「扶桑歌」に取って替り、前奏だけを残してついにことごとく「扶桑歌」を喰い尽してしまったということになる。

（『南洲残影』）

のだが、自然にこうなるのではない。誰かが意図的に改編・編曲したのだ。おそらく陸軍省の誰かが、作曲家に命じてつくり替えたのだろう。それも1度や2度ではない。繰り返して何度も改編し直し、現在のような形になったのだ。

現在、『君が代』の作曲者は奥好義というのが定説となっている。しかし、作曲された当時はその部署の代表者名で発表されることが当然とされた。奥は22歳の4等伶人の身分、そこで1等伶人の林廣守（49歳）名で届けでた。

現在でも、公的には林が『君が代』の作曲者（編者）とされている。その轍を踏襲する

なら『陸軍分列行進曲』の編曲者名も陸軍軍楽隊長名で公表（ルルー作曲、誰々編曲）すべきだろう。その名前すら公表できないのは、そこに名前をだせない〝ある事情〟があったと考えるべきだろう。

長田暁二のいう、「陸軍の象徴たる『分列行進曲』が消滅しては困るので、作曲者の名前を伏せて」（『日本軍歌全集』）、出陣学徒壮行会（昭和18年10月21日）を含めて堂々と演奏され続けたとなる。

作曲者名と編曲者名を公表できない〝宿命的なある事情〟、それが「敵性音楽」という背後霊なのである。

敗戦後、「血塗られた国歌を新しいものに替えよう」という運動が全国的に盛り上がりをみせた。

# 第5章　新国歌制定のむずかしさ

## 国旗「日の丸」と国歌『君が代』の迷走

昭和20（1945）年8月30日、D・マッカーサーが厚木基地に降り立った。その日から実質的な日本占領がスタートしたが、早速、問題が生じた。

国旗掲揚の是非である。駐留アメリカ軍とのあいだで、いくつかのトラブルが生じた。日本はGHQ（連合国軍総司令部）側に、「掲揚の許可」を申請したのだが、GHQは曖昧な態度を貫いた。基本的に、日本政府が国旗掲揚の許可を願い、GHQがそれを認めるという形になっていたようだ。では、なぜGHQは曖昧な態度をとったのか――。

日本人からみれば、「日の丸は軍国主義の象徴だから掲揚を認めるはずはない」というのが一般的な考え方だろう。だが、GHQの視点で考えると、「占領政策」という具体的な問題があった。いわゆる「占領政策」をスムーズに進めるためには、日本人の国民感情を配慮しなければならない。やみくもに「国旗掲揚はまかりならぬ」とすれば、占領される側の反発を招く恐れがある。アメリカは数ヶ月前までは「敵国」だった。国旗掲揚に関しては強圧的な態度をとるわけにはいかない。それに「天皇の戦争責任問題の是非」があった。その結論如何（いかん）では、当然、国旗・国歌にも大きな影響を及ぼす。

マッカーサーは、戦後日本の占領政策の中で国際的にも最も注目されていた天皇制の存廃と天皇の戦争責任について、遅くも四六年一月までにまず戦争責任について「免責」の方針を固め、極東国際軍事裁判（東京裁判）では不訴追と決めていた。さらに二月には日本側へ憲法草案を提示し、天皇制度を象徴天皇制に切り替えて存続させる方針を示した。むろんこれは、米本国も了解済みであった。ＧＨＱが天皇関連の祝祭日だけに掲揚の許可を与えた背景には、こうした事情があったと考えられる。

（田中伸尚『日の丸・君が代の戦後史』、以下同）

という腹づもりがあった。

１９４７（昭和22）年5月3日、新憲法が施行される。同時に国旗「日の丸」は新憲法に示された「民主的で平和な再生日本の象徴として」位置づけられ、

マッカーサーは、その「日の丸」と新憲法の象徴天皇のイメージを重ねようとしていたにちがいない。

とし、翌年7月10日に「国民の祝日に関する法律」が公布され、年間9日を「国民の祝日」と決定し、国旗の掲揚を認めた。

1949年1月1日から、国旗の掲揚が実質的に完全自由化された。

GHQが占領も終了しない四九年に「天皇の国」「軍国主義」のシンボルだった「日の丸」を新しい意味づけをして認めたのは、四七年初めごろから顕著になり始めた東西冷戦の激化の影響が大きい。

という現実的な問題に直面していたからだ。

不思議なことに、国旗に関しては敏感に反応したGHQが、国歌『君が代』については見事にこだわりを示すことがなかった。この理由を田中は、推測であるとの断りを入れながら、

GHQは、「天皇制の分身」だった教育勅語の排除に消極的だったように、やはり天

皇制の存続方針と関係があったのではないか。

とみている。象徴天皇という位置づけに、『君が代』は不可欠と考えたのだろう。

## 極東委員会では、「新国歌」制定を望む国もあった

日本の占領政策を決定する最高機関の極東委員会「第4部会」（教育問題担当）では、フィリピン代表から、「日本の国歌は、天皇よりは、むしろ民衆政府を称賛する国歌に書き直されるべきであり、すべての学校で歌われるべきだ」という意見がだされ、ソ連も同調した。しかし、極東軍事裁判は完全にアメリカ主導で進められ、この意見は封じ込められた。

一方で、事前に「神道的教育の廃止」だけはきっちりとけじめをつけた。1945年12月15日、GHQにより廃止令が下りる。さらに翌年10月9日、「国民学校令施行規則」の第47条にある「紀元節、天長節、明治節、一月一日学校に参集して行う行事の際に歌う『君が代』、天皇皇后両陛下の御影に最敬礼すること」の排除令がだされた。

一見、その後のGHQの態度と矛盾しているような気がする。しかし、とりあえず皇国史観教育を排除するには、国旗も国歌も一緒に机上にのせる必要があったのだろう。その後、国民の動向を勘案して決めればいい。

新憲法が公布されたあと、『君が代』の存続を熱望した日本はアメリカの無関心ぶりを歓迎した。文部省は、敗戦後も教育の分野で「日の丸・君が代」を除外する気は毛頭なかった。しかし、国がいくら望んでも、肝心の国民が国旗の掲揚にも国歌の斉唱にも、それほど関心を示さなかった。国民は心の底では、「血塗られた国旗・国歌」というイメージを払拭できなかったのだと思う。国としても積極的に口にすることをさけた。

第3次吉田茂内閣の時代、1950年5月6日に文部大臣に就任した天野貞祐は、「国民の祝日には学校で『日の丸』を掲げ、『君が代』斉唱すること」という談話を発表し、全国の教育委員会と大学に通達した。文部省として学校に「国旗掲揚と国歌斉唱」を求めたことで、世間の空気が一変する。

天野文相は明治以来の近代国民国家の「国民」をもう一度つくりあげなければならないと考えていた。そのためには「国旗」「国歌」が不可欠で、しかもそれらをもっとも受け容れやすい子どもに照準を合わせていたわけである。しかし、天野文相のなかには「日の丸」「君が代」が象徴として果たした戦争責任への認識と想像力が欠落していたと言わざるを得ない。さらに、「是非必要」としてそれを学校に持ち込めば、子どもの内心にまで入り込みかねないことへの懼れもまったく感じられない。

田中は、天野が反共産主義、伝統主義的な思想、信条の持ち主だったと述べている。

## 「第2国歌」をつくればいいじゃないか

日教組とすれば、『君が代』は天皇制国家を維持し讃える国歌であると考え、民主主義国家にはそぐわない。新生日本に相応しい「新国歌」が必要とし、天野文相に提案した。天野は、「民主主義国家に相応しい国歌をつくるという運動を日教組がやったらどうなんだ」と逆提案したという。

１９５０年11月29日、参議院地方行政委員会で天野は、「『君が代』は憲法の主権在民の精神に合わないから廃止すべき」という意見に、「廃止するつもりはない」といい、こんな提案をした。「新しい国歌をつくるという場合は、『第2国歌』とすればいい」と、あくまでも国歌としての『君が代』を替える気はなかった。

こうした天野文相の『君が代』に固執する態度に、新国歌創設を模索していた人たちの反応はどうだったのだろうか。

同じ頃、日教組内でも『君が代』に代わる「新国（民）歌」の制作を模索していた。日教組は『君が代』に反対する意味で、具体化するために「国民歌」の募集を正式決定している。国歌『君が代』に反対するという明確な意思表示と考えるなら、なぜ「国民歌」ではなく、「新国歌」としなかったのだろう。

## 新国民歌『緑の山河』を誕生させてはみたものの

1951年9月14日、この日から日教組組合員（当時約45万人）を対象に「国民歌」の歌詞の募集をスタートさせた。募集要項に、「平和憲法の趣旨を明確に表現し、国民の一人一人が愛唱できる明朗平易なもの」とした。曲も歌詞が決定されたあと募集されたが、この募集要項も、「集会、行進ともに適するもの」とした。

歌詞は応募総数約2万から、最終的に東京都中央区京華小学校教員、原泰子さんの『緑の山河』が選ばれた。

## 緑の山河

㈠
戦争超えて　たちあがる
みどりの山河　雲霽れて
いまよみがえる　民族の
わかい血潮に　たぎるもの
自由の翼　空を往く
世紀の朝に　栄あれ

㈡
歴史の門出　あたらしく
いばらのあゆみ　つづくとも
いまむすばれた　同胞の
かたい誓に　ひるがえる
平和の旗の　指すところ

ああこの道に　光あれ

『緑の山河』の2番にある「平和の旗」というのは、おそらく「日の丸」を指していると思われる。それほどまでに「日の丸」に対する思いというのは日本人の心に強く残された。実は、最終候補に残った29編の大半がナショナリズム満載の歌詞だった。田中は、次のような作品を紹介している。

見よ日の丸の　はためきて／希望の雲の　わくところ／光あふれて　さわやかに／緑もえたつ　日本国／あゝ新生の　国民を／瞳をあげて　いざ仰げ

まるで、戦前の日本賛歌そのものである。そして、

当時の日教組組合員も無意識の中で、平和や自由などを語りながら「日本」国家にそのアイデンティティを求めている姿が見える。……

日教組の中に侵略戦争の総括がきわめて不十分であったことを象徴的に示しているの

ではないだろうか。「国民」を統合して侵略戦争を遂行するのに象徴的な役割を果たした「日の丸」へのこれだけの親和性は、戦争責任意識の希薄性とつながっていよう。さらに、根底には国民国家を規定するナショナルな「わが国意識」（国民主義）から脱却できない思想状況を映し出している、と言わざるを得ない。

と述べている。さらに、

「日本を良くしたい」という思いは、場合によっては他国を押し潰す危うさを包含しているのだが、それへの自覚が革新の側にも乏しかった。したがってナショナリズムの枠では、保守も革新も同じ発想をしていたわけである。

と分析している。

「新国民歌『緑の山河』」を世の中に広めるため、伊藤武雄とコロンビア合唱団、コロンビアオーケストラで録音し、レコード化した。国民に親しまれるようにと、振り付けも考案された。日教組という立場から、各学校にレコードを配り、歌の指導もした。運動会で振り付けとともに披露されたり、卒業式では、『君が代』や『蛍の光』の代わりに『緑の山河』を合唱する学校もあった。当然、日教組の大会でも組合歌とともに『緑の山河』も歌われた。

しかし、『君が代』を否定し、その代わりにつくられたはずの『緑の山河』は、「国歌」どころか「国民歌」としても普及することはなかった。「日教組という一組合組織の歌に閉じ込められてしまった。その意味では、失敗だった」と述べている。田中は、

『緑の山河』は、なぜ全国に普及することなく終焉を迎えたのだろうか。

その後、「教育二法」「教員勤務評定」「学力テストの導入」など、日教組と文部省との対立が激化していく。

　そうした中で〈緑の山河〉は、日教組がつくった歌というイメージがあり、現場でやりにくくなり、やがて学校からは消えていった。（中略）「君が代」を否定するために作られた〈緑の山河〉は、戦後教育の変質の中に飲み込まれていったことになる。

と田中は指摘する。

はたして理由はそれだけなのだろうか。やはり日教組組合員の心のなかに住みついている「愛国心」という亡霊はそう簡単に消えない。「新国歌」ではなく、「新国民歌」と曖昧にしたのも、『君が代』を徹底的に葬り去る決意がなかった表れであろう。『君が代』の国民に対する〝呪縛〟は、「右」も「左」も飲み込んでしまうほど強靭だった。

# 第6章　新国民歌『われら愛す』のまぼろし

## 壽屋が募集した「新国民歌」

日教組が制作した『緑の山河』とほぼ同じ時期に、壽屋（現サントリーホールディングス）が、1952年に結ばれた対日講和条約の1周年を記念して、「新国民歌」を募集した。

一年前の一九五二年四月二十八日、第二次大戦の講和条約が発効し日本は独立した。しかし、多くの日本人はいまなお敗戦意識から抜けきれず、世の中は頽廃的な気分がたえなかった。国民の誰もが愛唱出来る歌で、この社会の風潮を一掃し、勇気づけることは出来ないだろうか。—佐治敬三が提案した「新国民歌」の募集に、鳥井信治郎は一も二もなく賛成した。

（『サントリー百年誌』、孫引より）

と提案した理由を述べている。

1953年1月、日刊紙に「8000万人の新国民歌（私たちの歌）歌詞を募る！」と題して歌詞募集の広告を載せた。創業者の鳥井信治郎の本心を垣間見る気がするので、少し長いが広告文を引用する。

皆さんご存じでしょうか。〃いざ起て祖国の国民よ、栄光の光は来たれり〃この有名なフランスの愛国歌「ラ・マルセイエーズ」を。この歌はフランスが近代国家として歩みはじめた時に、全フランス人がリオンで、パリで、或はマルセイユで、祖国への愛着と情熱をこめて口ずさんでいるうちに遂に国歌にまでなったと聞き及びます。ところがわが日本はどうでしょう。講和が発効になってすでに一年、未だに世の中は混沌とし、卑俗低級な歌謡が氾濫している有様です。私たちもぜひフランスの国歌のような歌をもちたいものです。ここに小社は敢えて微力を顧みず、自由と平和を愛し、日本の国を愛する我々が希望と誇りを以って声高らかに歌える歌詞を、作曲を広く全国から募り、国家の復興にいささか寄与したいと存じます。

フランス国歌『ラ・マルセイエーズ』をもち出し、「私たちもぜひフランスの国歌のような歌をもちたいものです」と語っている。鳥井が本心で「国歌」、つまり「新国歌」をもちたいと思ったわけではもちろんない。あくまでも「フランスの国歌のような歌」、つまり「のような歌」なのである。日本の国歌『君が代』とは完全に一線を画した。

鳥井はもともと強烈な愛国主義者で、１９４９年にＧＨＱが「日の丸」の掲揚を許可すると、それを待ち望んでいたかのように、「旗日にはきっと日の丸を掲げましょう！」と、自社の広告ばかりではなく社内のあらゆる印刷物、便箋、封筒にまで印刷した。

西宮球場で催（もよお）されたプロ野球、毎日オリオンズvs阪急ブレーブス戦では、「日の丸」を球場に林立させ、ランナーズコーチに立った監督やコーチのユニフォームの背中に「日の丸」をつけさせた。

鳥井にとって、『君が代』と募集した「歌」は、あくまでもベツモノだった。「日の丸」を愛した鳥井には、『君が代』はまさに日本国の「国歌」だった。

「新国民歌」の選定の審査員には、作詞に堀内敬三、土岐善麿、大木惇夫、西条八十、サトウハチロー、佐藤春夫、三好達治、作曲に山田耕筰、増沢健美、古関裕而、サトウハチロー、諸井三郎を招いた。歌詞の応募総数は５万８８２３にものぼった。そのなかから、入選一篇、佳作二篇、選外佳作として五篇を選んだ。入選したのは山形市在住の教師芳賀秀次郎さんだった。

入選新国民歌　　　　芳賀秀次郎作詞

『われら愛す』

1、

われら愛す
胸せまる　あつきおもひに
この国を
われら愛す
　しらぬ火筑紫（ちくし）のうみべ
　みすずかる信濃のやまべ
われら愛す
涙あふれて
　この国の空の青さよ
　この国の水の青さよ

2、

われら歌ふ
かなしみの　ふかければこそ
この国の
とほき青春
　詩ありき雲白かりき
　愛ありきひと直かりき
われら歌ふ
をさなごのごと
　この国のたかきロマンを
　この国のひとのまことを

3、

われら進む
かがやける　明日を信じて
たじろがず
われら進む
　空に満つ平和の祈り

地にひびく自由の誓ひ
われら進む
かたくうでくみ
日本のきよき未来よ
かぐわしき夜明けの風よ

つづいて作曲の募集がはじまり、応募総数３０００のなかから、西崎嘉太郎さんの作曲が選ばれた。作詞・作曲者とも賞金30万円が与えられた。

同年10月10日、東京日比谷公会堂で「新国民歌発表招待の夕べ」が開かれる。壽屋取締役佐治敬三の挨拶のあと、サトウハチローが審査の報告、表彰式が行われ『われら愛す』が披露された。

独唱：佐佐木行綱
混声四部合唱：玉川学園学生生徒
演奏：東京交響楽団

指揮：上田仁

第2部として、東京交響楽団による演奏で、喜歌劇『蝙蝠（こうもり）』序曲（J・シュトラウス）、組曲『白鳥の湖』全5曲（チャイコフスキー）、『ハンガリー舞曲第5番、6番』（ブラームス）、組曲『ペールギュント』から3曲（グリーグ）、『美しき青きドナウ』（J・シュトラウス）、『フィンランディア』（シベリウス）、そして最後に、会場にいる全員の『われら愛す』合唱で締めた。

壽屋の広告にあるプログラムを切り取って壽屋に送れば、招待状が郵送されるという特典がついたという理由からだろうか。会場は、3000人を超す聴衆で埋め尽くされるという熱狂ぶりであった。聴衆のなかには、新国民歌『われら愛す』を聴きにきたのではなく、東響・上田の指揮を目当てにきた人もいただろう。壽屋が目論んだ「自由と平和を愛し、日本の国を愛する我々が希望と誇りを以って声高らかに歌える」新国民歌は、こうして順調に世に送り出された。

その後、11月いっぱい日比谷公会堂で、宝塚雪組による「レヴュー〝われら愛す〟」の上演が行われた。このレビューは、翌1954年7月2日から8月3日まで、東京の帝国劇場でも同じメンバーで上演された。さらに、札幌、仙台、新潟、金沢、長野、名古屋、大阪、広島、高松、岡山、博多、熊本と約一ヶ月間、13の都市（東京含む）で上演され、どこの会場も満員だったという。

## 『われら愛す』はなぜ歌われなくなったのか

大阪の宝塚大劇場で開かれた発表会には、鳥井信治郎が阪急電鉄の創業者で「タカラヅカ」をつくった小林一三と一緒に杖をついて会場に現れ、会場から大きな拍手が送られた。鳥井はその後もラジオ、新聞、レコード、雑誌などあらゆるメディアを利用して『われら愛す』の宣伝と普及に尽くした。

にもかかわらず、その寿命は短かった。だが、あまり歌われなくなったあとでも、壽屋の新年会などでは、佐治敬三（鳥井信治郎の後継者。ビール業界へ進出して事業を拡大。サントリー美術館を設立。企業の社会・文化活動に貢献した）はじめ、全員が襟を正して『われら愛す』を歌うという習慣がしばらくつづいたという。

全国的に広がらなかった理由を開高は、

この歌は荘厳、鈍重すぎて、『君が代』や『海行かば』が強制による祭礼のときにしかうたわれなかったのとおそらくはおなじ理由から、あまり国民感情のこまかい日常の心の襞(ひだ)にしみ入ることがなかった。つまりこの歌は文語であった。当時の国民は戦時中の文語からの解放に熱中して、ジャズ、シャンソン、ブルースの類にひたすら没頭し、文語どころか口語、いや口語の破壊そのものにふけっちゃっていた。

（『やってみなはれ　みとくんなはれ』開高健執筆分、以下同）

と分析している。

『われら愛す』は文語調（古いという意味）だから流行らなかったというが、肝心の『君が代』の歌詞は、10世紀の初頭にはすでに、紀貫之などによって編纂された『古今和歌集』から取られている。『君が代』のほうがはるかに古い。にもかかわらず、血塗られたはずの『君が代』は、しぶとく生き抜いた。それはなぜなのか。

ひとつには、『君が代』の歌詞は、1000年以上もの長きにわたり、さまざまな形式（薩摩琵琶、万歳や古謡、瞽女唄など）で都市部から農山村の人たちに広く受け継がれてきた実績があった。〝聞き慣れた〟親しみがあった。それに加え、明治時代の初期に国歌として制定、幾度となく演奏され、歌われてきた。

戦後、唐突に「血塗られた（戦争を連想させる……）」といっても、一度曲のもつ〝魔性〟に絡め取られてしまえば、抜け出すのは至難の業である。

「新国歌」ではなく、「新国民歌」と言い換えたのも当初から同じ土俵に立つことは不可能だという諦観（ていかん）があったからだろう。「国民からの募集」とはいえ、その歌詞や曲が人口に膾炙（かいしゃ）するという保証はどこにもない。

案の定、日教組が募集した『緑の山河』は、あれほど嫌っていたはずのナショナリズムの呪縛から逃れられない作品となった。『われら愛す』もまた、作者（歌詞・作曲）に込められた熱い思いが、必ずしも国民が期待した「思い」とは重ならなかった。『われら愛す』に込められた〝美〟（美しく生まれ変わった「日本」）よりも、『君が代』の歴史の長さに絡め取られてしまったのだ。

壽屋が募集した「新国民歌」について興味深い話がある。

この歌詞の募集に本社の四階の研究室でノートに横文字を書きこみつつ詩を書いてい

る目玉の大きな女がこっそり応募し、三好達治の眼にふれて激賞され、二位になった。この目玉の大きな、キンキン声で小むずかしい議論を並べたてる詩人の化学女と学生結婚したのが七歳年下の開高健という男である。開高は昭和二十九年にこの女と入れかわりに寿屋に入社し、昭和三十二年に芥川賞をもらって作家となった。しかし、彼は寿屋宣伝部員としては、『われら愛す』をうたっていた。のちに彼はこの頃のことを追想して、

「もうちょっとでオカアチャンの作った歌をうたわせられるとこやった。年下の亭主はつらいデ。首すじ洗とこ」

## 芳賀秀次郎と『大日本の歌』

芳賀秀次郎は、『われら愛す』で入選を果たす15年前の昭和13（1938）年、NHKの国民歌謡募集にも応募し、これも入選してレコード化された。軍歌『大日本の歌』（作曲：橋本国彦）である。

1、雲湧けり　雲湧けり　みどりの島

山　潮みつる　潮みつる　東の海にこの国ぞ
高光る　天皇（すめらみこと）　神（かん）ながら　治（しろ）しめす　皇御国（すめらみくに）
あゝ吾等今ぞ讃へん　声もとどろに　類（たぐい）なき　古き国がら　若き力を。

2、風迅し　風迅し　海をめぐりて　浪さやげ　浪さやげ　敢えてゆるさじ　この国ぞ
醜はらふ　皇軍（すめらいくさ）　義によりて　剣とる　皇御国
あゝ吾等今ぞ往かん　かへりみはせじ　日の御旗　ひらめくところ　玉と砕けん。

昭和12（1937）年9月、近衛文麿首相は長期化する日中戦争を鑑み、「国民精神総動員運動」を開始する。内閣情報局に命じて「国民が永遠に愛唱し得べき国民歌」として、『愛国行進曲』の歌詞と作曲を広く国民から募集したことがあった。『愛国行進曲』は翌1938年に各レコード会社から発売された。内閣情報部の予測どおり圧倒的に国民に指示され、レコードの売り上げは100万枚を超した。

『愛国行進曲』の全国的なヒットは、官公庁（政府）のみならず多くの企業に刺激を与えた。そして、この次につづく軍歌・行進曲の募集を視野に入れた活動を展開しはじめた。各新聞社、出版社、レコード会社、官公庁、業界団体などが声を上げた。

「東京日日新聞」「大阪毎日新聞」の両紙では、1938年から40年にかけて、『日の丸行進曲』『大陸行進曲』『太平洋行進曲』『国民行進曲』などを発表し、レコード化して販売し好評を博した。

NHKも同様に、1938年10月、全国民に愛される「国民歌」「国民歌謡」を大々的に募集し、選ばれたのが芳賀秀次郎の『大日本の歌』だった。

曲をつけた橋本国彦は、東京音楽学校出身の作曲家、バイオリニスト、音楽教育者であった。母校の教壇に立ち、矢代秋雄、芥川也寸志、團伊玖磨、黛敏郎などに教えた。作曲を信時潔（のぶときき よし）（作曲家。代表的な曲に『海行かば』がある）に師事したが、ほとんど独学で学んだといわれる。

本来、クラシックの音楽家で、『交響曲第1番』、バレエ音楽『香の踊』、カンタータ『皇太子殿下御生誕奉祝歌』や数多くの歌曲、『学徒進軍歌』『勝ち抜く僕等少国民』などの軍歌、CMソングにも手を染めた。指揮者としても高い評価を受けた。

橋本の作品には、「橋本節」とか「橋本クオリティ」と呼ばれる独特の明るい節回しがある。この『大日本の歌』にも、1番の歌詞でいえば「この国ぞ」「高光る」の間に1小節の休符がある。この休符があることで、次からの歌詞「天皇　神ながら　治しめす　皇御国」以降に新しい力が注ぎ込まれる。聴くもの（歌うほう）にちょっとした戸惑いをもたらす。そこに曲としての新鮮味が込められている。橋本マジックなのである。

この曲は、皇国賛歌の先駆的な役割を担った点で注目された。

## 模倣することで日本の伝統音楽は生き延びてきた

さて、明治時代の初期、欧米列強に伍し、不平等条約を廃棄するために遮二無二日本は近代化を推し進めてきた。軍楽隊を整備し教育するために外国人音楽家を雇い入れた。独立国として国歌『君が代』をつくり、学校教育の基本である「唱歌」制定のため、欧米から歌曲（流行り歌、民謡など）を取り入れ、そのメロディに日本語の歌詞をつけて「唱歌」とした。とにかく体裁を整えるのに躍起となった。

同じく、フランス人お雇い音楽家シャルル・ルルーが、「新体詩抄」の先駆的な詩人外山正一の書いた「抜刀隊」に曲をつけ、同名の『抜刀隊』として発表。さらに天皇に捧げるとして『扶桑歌』を作曲した。『抜刀隊』は、日本人の作曲した作品（流行り歌、俗曲など）にもその旋律が取り入れられるなど、国民にも好意的に迎えられた。

第2・4章にも述べたが、日本人のなにものか（おそらく陸軍の軍楽隊関係者）が、作曲者シャルル・ルルーに無断で『抜刀隊』と『扶桑歌』を合体（『扶桑歌』のイントロにつづいて『抜刀隊』の旋律をはめ込み、再び『扶桑歌』のイントロで締めた）させるという「禁じ手」を使い、『陸軍分列行進曲』という名称でまったく新しい行進曲として再登場させたのだった。

『陸軍分列行進曲』を、正式に「陸軍省制定行進曲」（明治35年制定）として格上げした。制定されているのだから、『陸軍分列行進曲』も、外国の曲でありながら、「国民生活の中に融け入っているから問題なし（日本の歌）」とする内務省情報局の身勝手さが見え隠れする。

そして、制定から41年後の昭和18年10月21日、明治神宮外苑競技場で行われた「出陣学徒壮行会」で使用された。

もし、『陸軍分列行進曲』を使用するなら、『モーツァルトの主題による変奏曲』（ギター用に編曲・作曲。作曲者フェルナンド・ソル）のように作・編曲者名を明記すべきだったのではないか。たとえば、「シャルル・ルルーの『抜刀隊』『扶桑歌』による『陸軍分列行進曲』（編曲・陸軍軍楽隊）」のように。

ここまで明治時代以降の「音楽」に特化して話を進めてきた。そしてそこに、日本人のもつしたたかさ、（いい意味での）いい加減さをみてきた。

明治維新以前の音楽にも、「諸外国にあるモノを何でも取り込み、日本のモノにしてしまう日本人的な〝再生能力〟」があったのではないか——。次に検証してみることにしたい。

# 第7章　伝統音楽にみる日本人のDNA

## 「大仏開眼会」を仕切ったのは、南インド出身の僧正だった

西暦752（天平勝宝4）年、10年かけて制作した高さ16メートルという巨大な盧舎那仏（大仏）が完成し、東大寺大仏殿に安置された。そのクライマックスは大仏に魂を入れる儀式「大仏開眼会」であった。

開眼のMC（導師）は、体調の優れない太上天皇（略して「上皇」、聖武天皇）に代わり、南インド出身の僧正菩提僊那が務めた。

4月9日、太上天皇聖武・皇太后光明、そして天皇孝謙が最前列にすわり、その後ろに礼装した百官が並ぶ。僧侶たちの入場ののち、導師菩提、講師隆尊が輿に乗って入場する。導師が高座につく。高い台の上で導師が手にした筆から長い紐が垂れ、その紐を上皇・皇太后、天皇をはじめ、百官が握りしめる。つまり導師と一緒に大仏に眼を入れる所作なのだ。

儀式が終わる頃、南門にはさまざまな楽人、舞踊手たちが集合していた。まもなく大仏開眼会を祝う一大音楽会がはじまろうとしていた。

752年の大仏開眼会こそ、日本における最初の国際的なミュージック・フェスティバ

ルといえた。プログラムを見れば、いかに国際色豊かな世界音楽祭であったか分かるというものであろう。

まず、雅楽寮の大歌が披露された。次に大伴・佐伯両氏一族による久米歌舞、漢・土師の両氏一族による楯伏舞といった「邦人音楽家」による日本の歌舞が披露された。いわゆる「前座」である。

第2部に真打ち登場となる。唐、高麗、渤海、林邑（現在のベトナム、カンボジアあたり）など、さまざまな外国からの音楽家による演奏・舞踊が披露され、大仏開眼会に花を添えたのである。

「仏教が東方に移ってから、このように盛大な儀式はいまだかつてみない」と『続日本紀』に明記されているように、日本が世界に先駆けて企画、実現した国際音楽祭だった。日本にあったできるかぎりの芸能を集め、日本がプロデュースできる外国の音楽芸能人を招聘したという点で、歴史的な国家事業を完遂させたのである。「必要なものを取り込み、日本的に馴染ませる」という日本人の企画力は当時から並外れていたといえるであろう。

## 外来の音楽の模倣なのに消滅しなかった〝雅楽〟

大仏開眼会から4年後に聖武太上天皇は死去する。光明皇太后は、夫の供養のために遺品を東大寺に施入（せにゅう）した。これが正倉院の御物といわれる収蔵品の基礎となった。

このなかには唐や、唐を経由して諸外国から流入してきた楽器やその断片があることはよく知られている。現在でも、世界で唯一の実物であるといわれる唐の「螺鈿紫檀（らでんしたん）五絃琵琶」、アッシリア地方が起源とされるハープ「箜篌（くご）」などが正倉院に保存されている。

> 日本国の芸能界がはじめて体験した輸入文化の花盛りであったことをそれらの品々はおしえてくれる。古代日本国の支配者、政治家、文化人たちの意気はさぞさかんなものであったろう。
>
> （『わたしの日本音楽史』、以下同）

と林光は述べている、一方で、

だがまた、この花盛りは、はかないものでもあった。同じ輸入文化であっても百年かけてなんとかそれをぼくたちの道具として使うようになった明治期のそれとはちがう。

多くの「洋楽」（筆者注：当時の）が忘れられ、楽器は亡び、ごく一部が「雅楽」に吸収され、細ぼそと生残って行く。日本に、独自の芸能が生れるのはもう少しあとだ。そしてその芸能の基礎になったのは、七五二年のフェスティヴァルで演じられたどの芸能でもなく、開眼会の儀式そのものであった。こんにち、声明（しょうみょう）と呼ばれている、ふしをつけたお経がそこでとなえられたと考えられるからである。

林は、音楽学者で日本伝統音楽研究家の吉川英史の著書（『日本音楽の歴史』）のなかに、興味深いことが書いてあると引用している。

奈良朝までは、大陸から輸入した外国の楽曲をそのまま演奏し、外国の舞踊をそのまま演じていたのであるが、平安朝の初期になると、日本人が新しく楽曲を作曲し、それに舞踊の手をつけることが始まった。……

これらの新作曲をはじめ、これ以後作曲された管弦合奏曲は、日本で作曲されたとはいうもののの、その曲風はすべて外来の音楽を模倣したものである。そして、中国系の音楽を主体とする「左方の楽」を模倣した和製の曲はやはり「左方の楽」に編入され、朝鮮系の音楽を主体とする「右方の楽」を模倣した和製の曲は、同じく「右方の楽」と呼ばれている。

と。そして林は、

それにしても、千二百年まえの「現代日本の作曲家」が苦労してつくった「作曲」を、あっさりと、「左方の楽」と「右方の楽」のファイルに、選別して放り込むとは、古代「文化国家」の官僚の手つきはおみごとというか、恐れ入るというか。

と述べている。

日本独自の手法でファイリングするより、従来からあった方法をそのまま模した。そのほうが楽だったからだ。

さて、雅楽が隆盛を誇ったのは、平安朝のある時期までで、以降は急速に衰退していく。その理由は、宮廷そのものの力が急速に衰えていったからであった。

背景には、武士の台頭がある。資金不足と権力の失墜で雅楽どころではなくなってしまった。また、雅楽は宮廷の権威の象徴みたいなもので、庶民には無関係な音楽だった。庶民が一番関心を寄せたのは、権威づけの音楽ではなく、いわゆる「芸能」だった。

中世に入ると、雅楽は滅亡一歩手前まで追い詰められた。しかし消滅することはなかった。それが日本という国名にある「日出づる国＝辺境」という位置づけにもみてとれる。現在でも宮内庁の〃楽部〃という部署で、１２００年を生き延びてきた。

昔のままの衣装と楽器で演奏される。また当時の仮面をつけた舞人たちが、奏で、舞う。発祥の地である中国や東南アジアの国々では、とうの昔に絶え果て、その名残さえもない古代宮廷音楽〃雅楽〃が、この国では今でも演奏されているのは不思議なことである。

その意味では、雅楽は、まさに「輸入洋楽」の典型だった。「文化国家・日本」としての華々しい出発点を飾った大オーケストラは、空しく保存されただけだった。

## 声明がつくり出した〝単旋律音楽の美学〟

その後の日本の音楽・芸能の源泉となったものは、僧によって唱えられる「声明」であり、唐の民間芸能であった「散楽（さんがく）」だった。

実は、ふたつとも「大仏開眼会」のプログラムに入っていたのだが、目立たなかった。未来の日本音楽の土台となるのは、華やかな宮廷音楽ではなく、滑稽な物真似や軽業などが取り入れられた、いわゆる「ごった煮の〝散楽〟」であり、芸能というよりはお経を唱える節である「声明」だった。

「声明」という呼び名は、中国語の当て字で、古代インドでは、「シャブダ・ヴィディヤー」といった。もともとバラモン教徒が学ぶ学問の一分野だった。それをインドに行った三蔵法師が持ち帰り、中国式に「声明」と名づけたものだった。

基本はユニゾン（斉唱）なのだが、決まった楽譜があるわけではなく、僧ひとりひとりが自由に自分の声域で勝手に唱える。西洋音楽的にたとえると、現代の「12音音楽」のように、不協和音になるはずなのに、これが不思議なことにひとつの〝揺れ〟や〝うねり〟となり昇華していく。

唱えるほうにも、聴くほうにも実に心地よい感覚にとらわれる。西洋音楽（ルネサンス、バロック）流にいえば、「ドローン」（延々とつづくひとつの音のうえに、さまざまな音が重なり合う声法）のようなものかもしれない。共通するのは、「声明」も「ドローン」も「人の声」だということ。これが楽器（インストゥルメント）だと、不協和音になる。声に秘められた「倍音」がそうさせるのだろうか。

その声明がつくり出した〝多重音世界の美学〟は、古代国家が崩れ、中世へと歴史が進んでいくなかで、「平曲」（いわゆる平家琵琶）へ、さらに「謡曲」（能の声楽部分）へと、見事に手渡されていく。

## 永長元年の「田楽さわぎ」はポリスまでもが踊り狂った

永長元（１０９６）年６月、京で〝田楽〟（田植などの農耕儀礼の際、笛や鼓を鳴らして舞い歌った芸能）が大流行した。

はじめは、近郊の村人たちがなにやらさわいでいると思っていたら、あっというまに京（みやこ）じゅうにひろまって、ついには公卿たちまでが浮かれはじめた。

高足とか一足とかいう、一本足の高下駄をはいた男たち、殖女や春女のかっこうをした女たち、それに、腰鼓、銅鈸子やびんざさらなどの楽器を持った連中が、ひるも夜も、京の通りをうろつきまわって、踊ったりうたったりして、まったくやかましくて仕方がない。

京じゅうが、狂ってしまったのではないだろうか。

着るものも凝っていて、あるいはキラキラと、あるいはビラビラと、しゃれたししゅうのついた上衣やら、また金や銀の細工ものやら、すべて流行のファッションで身をかざっている。……

へんてこな帽子をかぶったり、袖なしのチョッキを着たやつもいる。チョッキの下から、べつの衣裳がのぞいたりして、じつにみっともないが、当人は大得意である。

……

驚いたことに、武士たちまで街を練りあるくようになった。ついには、警官まで、踊り狂う始末。……

地位のある高官たちが、またどうしようもない。権中納言藤原基忠卿は、九尺もある高扇をふり廻し、藤原通俊卿は、藺草で編んだというヘンな草履をはいている。

（＊大江匡房卿著『洛陽田楽記』を林光が現代語に書き改めた）

登場する楽器はすべて海外から輸入されたものであった。「腰鼓（みのつづみ・くれつづみ、とも）」は文字どおり腰に鼓を結びつけて左右から打つという。おそらく「羯鼓」（朝鮮の鼓）のようなものではないか。「銅鈸子」は東洋風小型シンバル。「編木」は今でも富山県砺波市の民謡『こきりこ節』で使われる楽器で、多くの木片に穴を開け、紐を通してつなぎ、両端からガチャガチャと挟みつけて鳴らす。結構大きな音がする。

こんな打楽器を鳴らしながら、昼も夜も踊り狂うのだから、うるさくてたまったもんじゃない。傍からみると、狂っているとしか思えない。

日本中で繰り広げられるハロウィン、現在では、とくに渋谷駅前のスクランブル交差点の「騒ぎ」が有名だが、あれは特別な音を発することはない。ハロウィンの「コスプレ集団」が、ボンゴやコンガ、小太鼓やシンバルを打ち鳴らしながら踊り狂うと考えればいいのだろうか。「ＤＪポリス」が交通整理をするのとは訳が違う。

京の「田楽さわぎ」では、そのポリスまでもが踊り狂った。ポリスだけではない、坊さんも踊り狂った。注目すべきは、舞楽の演目を舞って参加したというのだ。

舞楽といえば、宮廷舞踊である。日本に輸入されて、すでに三百年は経とうというしろものだ。（明治のはじめに西洋音楽が輸入されてから、やっと百年ちょっとであることを考えてみよう）

それを舞って参加したのを、田楽イヴェントは平気でのみ込んでしまった。いささかの異和感をも感じなかった、といえば言いすぎだろうが、むしろそういう異質の要素をどんどんとり込んで、田楽あそびそのもののはばを、どんどんふくらませ、変化させていってしまう包容力が過渡期の田楽のほうにあった、ということだろう。

この頃から、とりあえずなんでも取り込んでしまう〝パワー〟があったということだ。実際にこれと似たような〝事件〟は、ほかにもあった。「おかげまいり」と「いいじゃ（ええじゃ）ないか」である。

だがぼくはもうすこしあとまでとんでみたい気がする。すなわちいまから十五年ほどまえ一九六〇年代の後半から七〇年にかけての、都市的状況へだ。音楽史的には、フォークやロックの流行ということですんでしまうが、一連の大学闘争や無党派の大衆運動が、そのなかに組み込まれて、人びとの行動がなんというか街頭に押し出されて行くことが、非常に目立った時代だった。そして、その頂点のひとつとして、やや伝説的になりかかっているが、東京、新宿駅西口で、ひと月あまり熱狂的にそして自然発生的に続けられたフォークソング集会などがあげられるだろう。

林光のこの文章を読むと、早大闘争を（ノンポリ的に）闘い、新宿フォークゲリラの端のほうで参加していたわたしには、林が紹介する「京の田楽さわぎ」の喧噪が伝わってくる気がする。

つまり永長の田楽さわぎのいわば主役である「田楽」は、かつてのしろうとの信仰的行事である田遊びから完全に飛躍して、田楽法師を中心とした芸人集団の手によって花ひらき、しかも完成にはなお遠く、日々どん欲に、乱世のエネルギーを吸収し、増殖し、変容しつつある、活気に満ちた過渡期の芸能だったのだ。貧乏人から金持ちまで、さらには天皇一族までをも巻き込むちからをもち、また、異質な芸能をもどんどんのみ込んで同化してしまう、ゆうづう性をもっていたということは芸能として田楽がそこまで成長していたことを示している。

## 秀吉はお伽衆に「能」をつくらせ、自分が主人公として舞った

天下をとった秀吉は、お伽衆に命じて、自分を主人公とする能をつくらせ、こともあろうに自分自身で舞ったのである。まとめて「太閤能」という。ここでいう太閤とはもちろん豊臣秀吉のことである。

この天下人は晩年になって異常に能を好み、金春流の能楽師暮松新九郎について稽古に励んだという。天下を治めてからの秀吉は、貧乏人で芸能にはとくに縁遠かった自身を取り戻すかのように能にのめり込んでいった。

茶の湯の趣味もそうとうなもので、「茶の湯も能も俺様のものだ」という意識があったのだろう。なんでもトップでなくては気がすまない秀吉は、人気絶頂の利休に嫉妬し、死に追いやることになったという説もある。

「太閤能」だが、とくに『芳野詣』『高野詣』『明智討』『柴田』『北条』の5番は、今でもその本文が残されている。

そのなかでもとくに『明智討』を秀吉は好んだ。もちろん秀吉が謀反人明智光秀を討つ内容なのだが、こともあろうに、この上演では秀吉自身が、明智を討つ決定的瞬間を演じたのだ。天下人にとって実に誇らしい瞬間だったと思われる。それにしても、権力者はなんて出たがりなのだろうか。「教養ある武将や公卿のひんしゅくを買ったにちがいない」と林光はいう。さらに、

教養とは、たんに知識の多い少ないとはややちがったものだ。生まれと育ちとがいつのまにか身につけさせてしまう。すぐれた感覚と同時に、それをむき出しにしたり、ひとに押しつけたりということを控える心がまえのことだ。足利義満は、偉大な権力者であったけれど、同時にそういう教養人であった。だからこそ、観・世、とくに世阿弥の芸術を見抜いたし、世阿弥が彼の芸術を完成させるのを、援助しながら、かたわらで見守っていることができた。義満は、保護者である以上に、すぐれた「鑑賞者」であったのだ。……

そのような義満は当然、自分が演じることはもとより、自分が主人公となって登場する能をつくらせることなど、思いつきもしなかったろう。

と指摘する。

しかし、成り上がりの秀吉には、そういうえげつないことができた。「芸術文化は自分のためにあるもの」と信じて疑わない秀吉には可能だった。

秀吉と同じDNAをもつ政治家がソ連にもいた。1917年のロシア革命の立役者のひとりレフ・トロツキーである。トロツキーは大の演劇愛好家だった。彼の友人の話なのだが、友人とトロツキーが一緒に観劇に出かけた。

芝居は革命劇で、記録演劇として上演されている。話が進んで、トロツキーが登場する場面にさしかかった。友人が隣の席を見ると、いるはずのトロツキーの姿がない。舞台を見ると、なんと隣の席にいたはずのトロツキーが登場しているではないか。

観客は突然、目の前にほんもののトロツキーが現れたので驚き、次に大喜びで盛大な拍手を送った。トロツキーは得意の政治的演説をはじめ、満場の拍手を受けたというのだ。

林光はいう。

その点に、トロツキーの弱味があった。ほんとうに現実主義的な、地に足をつけた、そして最後に勝つ政治家は、こんなことはしない。だいいちできやしない。そして、こんなしゃれたことなんか決してできない、イモっぽい人間が、結局は信用され、大ぜいの心をつかむ。

だからスターリンに敗れたのだ。「秀吉とトロツキーとは、たとえば、育ちとか教養とかの点で、おそらく正反対といっていいくらい、ちがっていたはずだ」。

ところがふたりには共通点があった。「自分が『自分』の役に扮して平気で舞台に立つ度胸があった」こと。もうひとつは、「それは、結局（ふたりとも）天下をとられてしまった」ことである。

秀吉もトロツキーも「かぶき者」だった。「歌舞伎」は「傾き」、「かぶき者」とは、人目につくような変わった身なりや行動（所作）をする人のことを指す。今でいうところの「洒落者」「伊達男」、いや「目立ちたがり屋」といったほうが適切かもしれない。

天下取りが「天下取り」を演じるという、日本史はじまってこのかた、たぶんたったひとりしかいない「役者」豊臣秀吉こそは、乱世に生まれた人物中の人物と言わなければならないだろう。

## 信長がキリスト教を禁止しなかった理由

1549（天文18）年、フランシスコ・ザビエルという宣教師が鹿児島に上陸し、キリスト教の布教をはじめた。

当時、日本は統一国家として確立されていたわけではない。群雄割拠の状態だった。そこで宣教師たちには、それぞれの小国の領主を仏教から改宗させていくという地道な方法が講じられた。上陸した九州からキリシタン大名が誕生していく。仏教から改宗させることができた背景には、キリスト教そのものと、それに付随するキリシタン文明への魅力もあったのだろう。

やがて織田信長という人物に、全国統一を果たす兆候が見えはじめる。宣教師たちはすかさず信長にすり寄った。信長はキリシタン大名にはならなかったが、布教活動は許可した。キリスト文化にも大いに興味を惹かれた。なにより手を焼いた宗門一揆の勢力を削ぐことにキリスト教を利用した。

宣教師に、日本人をキリスト教に改宗させ、ポルトガルの植民地にしようという目論見があった。信長も秀吉も家康も十分に警戒していた。問題が生じれば、そのとき反転（弾圧）に出ればいい。彼らが軍事力を行使しなかったのは、日本には有効な資源がないことに気づいたからだといわれている。

布教には音楽が欠かせない。各地にセミナリョ（林光風にいえば「キリシタン風寺小屋」）が建てられた。入信したのはおもに武士の子どもたちであった。そこでは聖歌が歌われ、同時に読み書きも習うことができた。外国語の習得も可能にさせた。子どもは大人と違い覚えが速い。歌の修得にも時間を要さない。「少年聖歌隊」が誕生する。

歌を修得すれば次は楽器である。本国から楽器（おもにオルガン）が送られてくる。やがて宣教師たちによって、「オルガノ（オルガン）、ヴィオラ、クラヴォ（チェンバロ）、さらにリウト、アルペ（アルパ＝ハープ）、フラウタ（フルート）、チャルメイラ（筆者注：オーボエの源流となった楽器）」などさまざまな西洋楽器がもち込まれた。これで音楽の幅が急速に広がっていったという。林は、１５８１（天正９）年度の『日本イエズス会年報』

から、次のように引用している。

生徒たちは学問にもはなはだ熱心、まったく期待した以上だ。才能も記憶力も、ヨーロッパの少年よりすぐれている。それまで見たこともない横文字を、たったの数ヶ月で読みこなす。オルガンで歌うこと、クラヴォを弾くこともできるし、合唱隊は、正式のミサをらくらくと歌える……云々。

と賛辞を惜しまない。1582年に長崎からヨーロッパに出かけた「天正遣欧使節」の少年4人も、このセミナリョの優等生であった。のちにオルガンをはじめクラヴォやほかの楽器（おもに弦楽器）の製造をはじめたセミナリョも出てきた。

## 聚楽第で秀吉が聴いた西洋音楽

豊臣秀吉は、帰国した「天正遣欧使節」の少年4人を聚楽第に招き演奏会を催している。秀吉は西洋の楽器にも非常に興味を示した。「4少年を聚楽第に招くので、西洋の音楽を聴かせてもらいたい」と伝えた。そこで急遽、演奏用の楽器が届けられた。それは4人がイタリアをはじめ、ヨーロッパ各地から日本に運んできた楽器だった。クラヴォ、アルパ、ラウデ（リュート）、ラベキーニャ（バイオリンの元祖）である。謁見したのは、天正19年閏1月8日（西暦では、1591年3月3日）だった。

秀吉は、4人が演奏する音楽を実に興味深く聴いた。はじめて聴くヨーロッパの音楽（おそらくルネサンス期の宗教音楽）に何を感じたのだろうか。

演奏し終わると、楽器の演奏に合わせて歌うように要求した。4人は関白の要求に従い、歌も披露した。それも3度も要求したというから、よほど気に入ったものと思われる。

石井高は、ヴァイオリン制作者としてイタリアのクレモナで学び、天正少年使節の楽器の復元に取り組み成功させた人物である。石井は『秀吉が聴いたヴァイオリン』のなかで、「少年たちはクレモナから、アマティのヴァイオリンやヴィオラなどの楽器を日本に持ち帰ってきた可能性が十分に出てきた」と証言している。

このときヴィオラの四重奏を弾いたともいわれている。石井は右の著書で、

何も知らない秀吉は、ただいい音の出る楽器の演奏に、三度もアンコールをした。味わいのある色をした楽器だと秀吉が思ったとしても、表板のＦ孔からアマティやほ

かの製作者の署名ラベルまではのぞかなかっただろう。いい音だなあ、と思っただけなのだろう。

という。

もし、これが事実なら、世界的な名器がこのとき日本に存在していたことになる。しかも、アマティを聴いた最初の日本人が豊臣秀吉だったというのは実に興味深い。

問題は、4人の少年使節団がもち込んだ西洋の（アマティを含む）楽器がまったく現存していないことである。世界で唯一の実物の五弦琵琶（西暦752年の「大仏開眼会」で使用された）や、箜篌と呼ばれるアッシリア起源のハープなどが、正倉院の宝物殿に保管されているのとは大違いである。

その理由は、西洋楽器のすべてがキリスト教の布教に関する楽器だからであった。キリスト教を徹底的に弾圧したとき、当然、それに関わる楽器も葬り去ったのである。その時代の日本音楽（邦楽）になんの影響を与えることなく消えたのだ。

安土桃山時代には「イエス」といい、江戸時代に「ノー」を突きつけた西洋の音楽を、日本人が心底望んだ時代があった。それが明治時代である。時代の要求に応じて対応を二転三転させている。

ただキリスト教が弾圧されても、「隠れ（潜伏）キリシタン」として細々と命脈を保った人たちがいた。彼らは毎日「オラショ」（祈り）を唱えた。「声明」のように「斉唱」（ユニゾン）のみ、無伴奏というのもいいだろうが、どうしても伴奏としての楽器を必要とした。しかし、オルガンやチェンバロ、ビオラといった西洋楽器を使用することは絶対にできない。

そこで、考え出された楽器があった。どうみても姿かたち、音色、奏法も邦楽器そのものにみえる、セミナリョで日本人の手でつくられていた西洋楽器の数々。そのスキルを活かした究極の「擬態楽器」、それが胡弓であった。

# 第8章　日本人が発明した邦楽器

## 胡弓はバイオリンか

胡弓という楽器をご存じだろうか。頭部が三味線のかたち（日本髪の丸髷に酷似）で、同じく3本（4本のものもある）の弦が張られている。胴の部分も三味線と同じで猫（表面）や犬（裏面）の皮を張り、見た目は三味線そっくりだ。大きさはいくつもあるが、一般的には三味線より小型のものが多い。なにより三味線との違いは、その奏法にある。

三味線はバチで弦を弾くが、胡弓はバイオリンのように弓の間に松ヤニを塗布した馬のしっぽの毛を張り、それで弦を弾く。この場合、バイオリンやチェロは楽器を固定してボーイング（運弓）するのだが、胡弓はその真逆で、弓を固定し楽器を左右に回しながら弾く。三味線は撥弦（指で弦を弾く）楽器だが、胡弓は擦弦楽器である。ここが決定的に違うところだ。

よく中国の二胡を胡弓という人もいるが、二胡と胡弓はまるで違う楽器である。二胡は2本の弦の間に弓に張った弦を挟み込み、弓を引いたり押したりしながら音を出す。

胡弓は中国や琉球から渡来したといわれているが、それはまったくの誤解である。胡弓は日本生まれの純粋種である。ただし、なぜ胡弓が誕生したのか、その理由は定かではない。誕生が謎の邦楽器は胡弓だけである。胡弓は、ある日、忽然と姿を現したのである。なぜ、三味線に似せて誕生させなくてはならなかったのか。そこには、ある特別な事情があった。

江戸時代初期には当道座（自治的互助組織）の男の盲人たちも、門付芸のひとつとして胡弓を、瞽女の三味線芸と同じように演奏していた。民俗音楽研究家の小泉文夫は、かつてわたしにこう話してくれたことがあった。「邦楽器のほとんどが中国経由でもち込まれた。それを日本流にアレンジして使用した。ただし胡弓だけは輸入ではなく、日本独自に創作された楽器です。ところが、これがなぜ創作されたか、分からない。謎だらけの楽器です」と。

その解答というべき対談を見つけた。『energy』（エナジー対論・第４号「音楽の世界地図」團伊玖磨＋小泉文夫　昭和51年5月）という雑誌記事である。「見えない音が歴史をくぐってどう残るか」で、團が、

キリシタン時代の日本に来た宣教師たちの手紙を読んでみると、日本人はヴァイオリ

ンを教えると非常に上達すると書いてあって、久留米かどこかのキリシタン学校で了供たちが六十人あまりヴィオルを弾いて自分を迎えてくれた、それはさながら天使がヴァイオリンを弾くとしか思えなかった、という報告をしている人もいます。すでに当時ヴァイオリンがそれほどまであった、西洋音楽がそれくらいあったということですね。その後のキリシタン禁令でそういう音楽は消えていくのですが、隠れキリシタンが形を変えて残ったように、なんらかの形で残っていないかなと思うのです。当時の音楽そのものは消えても、その地方の民謡のなかとか何かのなかに残っていないだろうか。(中略)しかしもっと具体的に、当時のヴァイオリンの壊れたのでもオルガンのパイプの片割れでも出てこないものでしょうかね。

それに対して、小泉が興味深い答えを推論として話している。

胡弓という楽器が日本にありますね。三曲合奏で尺八が流行する以前に使われたものので、形は三味線を小さくしたようなものですが弓で弦を擦って演奏する楽器です。あれはいわば隠れキリシタンみたいな楽器じゃないかと思うのです。というのは日本であれをラベーカと呼んだのですよ。ラベーカというのはヴァイオリンの前身のレベックのポルトガル語ですよね。当時の宣教師の記録ではヴィオラが使われたというようなことが書いてありますけれども、日本人が胡弓に対してラベーカという言葉を使っていることは宣教師の影響でしょう。このラベーカつまり胡弓から幕府のキリシタン取締りの目をそらすために、いろいろ細工をしたと思われるふしがあるのです。

といい、その証拠として次のような答えを導き出した。

その一つは『嬉遊笑覧』の記述です。ラベーカとは蛇を食う鳥の名前である、胡弓にラベーカという呼び名があるがそれは胡弓に蛇の皮を張ってあるので蛇を退治する鳥の名で呼んだのであろう、というようなごまかしが書いてある。これはラベーカという名前を役人の目からごまかすための一つの手段だったのじゃないか。そのうえに、胡弓といういかにも中国語めいた名前をわざと使って中国から来た楽器のように見せかけ、さらに外見は三味線そっくりの形にしてしまう。そうやってごまかして、擦弦楽器の本質を残したのじゃないか。キリシタン時代のものも意外とそういうふうに形を変えて隠れて残っているのじゃないかと思いますね。とくに弓奏楽器はキリシタン以前の日本にはありませんでしたから、（後略）。

富山県八尾町（現富山市八尾地区）で毎年9月1・2・3日に行われる「おわら風の盆」では、胡弓と三味線を伴奏に『越中おわら節』を歌う。戦後に誕生した盆踊りである。同じ富山県南砺波市城端地区で敬老の日（9月の第3月曜日）直前の土曜日と日曜日に行われる「城端むぎや祭」でも、民謡『麦屋節』の演奏に胡弓が使用される。「城端むぎや祭」も、昭和26（1951）年から観光行事として行われるようになった。

「おわら風の盆」も「城端むぎや祭」も戦後につくられた観光用祭事である。ただし、『越中おわら節』や『麦屋節』で使われる胡弓は、その地方に以前からあった楽器である。

富山県の八尾から利賀村の山村を越え、庄川を渡るとまもなく城端である。直線で結べばそれほど遠くはない。そこに演奏法も違う（『越中おわら節』はゆったりと、『麦屋節』は激しく）胡弓曲がなぜ残されていたのかは不明だ。

胡弓はキリスト教が禁令されたあと、ひそかにつくられた楽器と考えられる。團が小泉との対談で指摘した「隠れキリシタンが形を変えて残ったように、なんらかの形で残っていないかなと思うのです。当時の音楽そのものは消えても、その地方の民謡のなかとか何かのなかに残っていないだろうか」という言葉が思い出される。

金沢市近郊の町にも胡弓が残されていた。四国のある地方にも胡弓が残されていたと記憶している。もしかすると、全国のどこかに、まだ胡弓が残されているかもしれない。

キリシタンのセミナリョでは、オルガンをはじめクラヴォなどの洋楽器を製造していた。当初は、宣教師たちの指導のもとに、日本人のキリシタンが製造したと思われる。日本人の卓越したスキルで、またたくまに優れた楽器をつくりあげたのは間違いないだろう。その技術で、ラベーカの魂を込めた「胡弓」をつくった。というより、ラベーカの「擬態楽器」として登場させたのだと思う。

そのラベーカもどきの擬態楽器「胡弓」を弾き、オラショを口ずさんだと思いたい。でも、伴奏楽器としては歌いにくいかもしれない。歌が好きな日本人は、肉声に近い胡弓（弓奏楽器）を奏でることで往時を偲んだのだろうか。

## 三味線は日本人が発明した邦楽器である

三味線も日本人の手によって発明された楽器である。厳密にいうと、ある楽器とある楽器のいいところを取って合体させたというべきかもしれない。ひとつ目の楽器名を「三線」（蛇皮線とも）といい、琉球から伝わった楽器である。今も演奏楽器として使用されている。もうひとつの楽器は「琵琶」である。

「三線」は中国福建省で生まれた撥弦楽器で「三弦」と呼ばれた。15世紀に琉球王国や薩摩藩の奄美群島などに渡り、独自に発展した。胴の部分に蛇の皮が張られており、おもに単音で主旋律を弾く。三線専用のバチ（ギターでいうところのピック）を指につけて弾く場合もある。

「琵琶」もまた中国からきた撥弦楽器である。西暦752年の「大仏開眼会」ですでに「螺鈿紫檀五絃琵琶」が使用されており、正倉院に納められている。大きなバチで弦を弾いて音を出す。

平家琵琶によって『平家物語』が語られたように、長い物語を語るうえでの伴奏楽器として使用されてきた。平家琵琶、盲僧琵琶、唐琵琶、薩摩琵琶、筑前琵琶などの種類（流派）があり、薩摩琵琶などのように現在でもつづいている流派もある。薩摩琵琶の『蓬萊山』という曲は、2代目『君が代』の制作に大きな影響を与えている。

誰がなんの目的で三味線を発明したのだろうか。三味線は三線の胴の部分に犬や猫の皮を張り、頭部も日本髪（丸髷、胡弓と同じ）に似せたつくりにして、琵琶のバチを少し小型に改良して三本の弦を弾いて音を出した。

三味線を弾きはじめたのは琵琶法師だという説がある。琵琶法師が琵琶ではなく、なぜ三味線を必要としたのだろうか。三味線の発明・改良には石村検校という人物が大きな関わりをもっていたという。

検校というのは、男性盲人の自治的互助組織である「当道座」の最高位のこと。琵琶を弾いて物語などを語りながら全国的に活動する。厳格な階級（ヒエラルキー）があり、最高位の検校をはじめ、別当、勾当の位があり、最下位が座頭であった。ちなみに、かつて勝新太郎が主演をつとめた『座頭市』とは、座頭の位にいる「市さん」を主人公にした映画である。各クラスも細分化され、かつその位を金で買うことができた。最高位の検校には多額の資金が上納され、それをもとに貸金業をはじめたともいわれている。相手はおもに武士、それもかなり上のクラスの武士で、将軍にまで融資したという話もある。将軍は、盲人団体のトップに位置する検校はもとより、当道座そのものを無視できなくなっていく。当道座が全国的な組織として存在できた背景には、莫大な資金力があった。

それにしても三味線を発明・改良したのが、琵琶を弾いて物語を語った琵琶法師で、彼らのトップに立つ石村検校という盲僧（大阪堺在住）が大きく関わった（試行錯誤の末、現在のかたちにつくりあげた）というのは、そこに琵琶では不都合なことがあったのだろう。

もち運びに便利な携帯用の撥弦楽器（ふたつ折りも可能）で、制作が容易なうえ琵琶よりもはるかに低価格でつくることができた。表現力も豊かで、さまざまな楽曲に対応できる重宝な楽器として考えられたのが、新撥弦楽器「三味線」だった。

三味線の醍醐味は、バチで3本の弦を弾くというよりも、「バチで弦をたたく」という演奏法が特徴だった。

つまり、三味線の胴に張られた皮が丈夫でなくてはならない。三味線の皮として使用するには、琉球（三線）で使われた蛇の皮は鱗が大きく見栄えはいいのだが、はがれやすく、バチが鱗に引っかかりやすいという。三線の奏法は弦を弾き、たたかないので問題ない。はがれない、引っかからない、壊れない皮が最低条件だった。その点、猫や犬の皮なら引っかからないで、壊れにくく、なにより安価であった。こうした条件が三味線の爆発的な人気にもひと役買った。

琵琶の将来を悲観して三味線を発明したのは琵琶法師自身だった、ということは紹介した。なぜ琵琶法師は将来を悲観したのだろう。江戸文化の研究家で、現在、法政大学総長の田中優子は、

小唄をつくった人たちも琵琶法師です。琵琶法師というのはもともと平家語りをやる人たちですから、なぜ平家語りをやる人たちが小唄をつくれるのかと非常に不思議な感じはしますけれども、どうも平家語りではもう時代にマッチしないということがあったらしいのです。これはたぶん個人の問題ではなくて、盲人集団の問題だったと思う。盲人集団がこのままでは生き延びられなくなる、俗にならないと売れなくなってくるわけです。歌っている内容もずっと『平家物語』ばかりで、近世に突入してもまだ平家をやっているというのでは、誰ももう聴きに行かなくなってしまう。時代はますます複雑になってくるし、新しい状況はどんどん出てくるし、ということで、それこそアクチュアリティをどうやってつかむかと相当悩んだ時期が初期にはあったはずだと思うのです。そのときに盲人の琵琶法師たちは小唄をつくりはじめたらしい。そういう小唄に、琵琶ではなくて三味線を合わせて歌う、その小唄をいくつかくっつ

けて組曲にする、というやり方です。

（『江戸の音』、以下同）

という。三味線誕生の裏側に、盲僧琵琶法師たちの窮状があった。

## 三味線の怪異

こうして盲目の琵琶法師たちが三味線を考案し、受け継ぐことになった。三味線浄瑠璃をつくった人も、沢住検校という盲人だったという。

ですから、浄瑠璃系統の三味線というのもかなり早い時期につくられました。一方に歌舞伎の中に入ってくる三味線、ロックに近い激しい三味線があり、もう一方の流れは、このように中国の人形遣いの技法と結びついてできてくる。つまり、三味線が入ってきてすぐに、琵琶法師たちが三味線の流れを二つに分かった。遊女たちが使うような系統の三味線、つまり小唄をつくって三味線を合わせるという流れと、それから人形と結びついて語り物をやるという流れと、この二つにぱっと分かれたみたいで

す。（中略）

歌舞伎も最初は踊りですけれども、おそらく阿国などの場合でも、念仏踊というようなものは、念仏を入れながら歌ってますから、三味線は入っていないけれども、歌っているわけです。歌って、楽器を使って、踊りをする。ということは、たぶん遊女たちが歌舞伎踊をやり始めるときにも、たしか「この世は浮き世」というふうな歌詞が出てましたから、これも唄です。私は、三味線が出て小唄が発生するのかと思っていましたら、どうも順序が逆らしくて、小唄が最初にできて、三味線がそれに合わせる楽器としてつくられていったらしい。

と、田中は三味線誕生の経緯を示す。

歌舞伎踊りの創始者とされている女性「出雲の阿国」は、かたくなに三味線を使わなかった。正確にいうと、この頃は三線（蛇皮線）が用いられ、三味線はまだ発明されていなかった。

一方、阿国の弟子で、師匠に逆らって独立し一座を旗揚げしたお菊（有吉佐和子の小説『出雲の阿国』に登場する人物）は、逆に積極的に三線を取り込んだ。京の河原のテント小屋（劇場）では、流行りの三線を舞台狭しと並べ、それに笛や太鼓、鼓の華やかな伴奏を背景に、派手な念仏踊りを繰り広げ喝采を浴びた。敗れた阿国は故郷出雲に帰り、そこで最期を迎える。

林光はそのあたりを、

かぶき、あるいはかぶき踊りの、創始者としての名誉は、阿国のものだろう。だが、それをうけつぎ、「劇」を完成させていったのは、「亜流」の、いや阿国の眼から見れば「邪道」の、とさえいうべき連中であったのだ。

（『わたしの日本音楽史』、以下同）

と、現在に残る歌舞伎の歴史を皮肉りながら、

阿国は、蛇皮線というものが、そのうさんくささにもかかわらず、あるいは、そのうさんくささの故に、持ち得ていた可能性を、見抜くことができなかったために、でなければ見抜いていたからなおさら、その可能性を拒否したのだろう。もしかしたら、

土着的なもの、農村的な基盤からはなれて、芸能というものが高く舞いあがることを怖れたのかもしれない。そうだとしたら、それが、阿国の限界だった。

と分析している。

三味線が発明され、琵琶がその存在感を薄れさせていく様を林光は、

中世から近世への動乱期に、新楽器三味線は生まれた。人びとは、さいしょは徐々に、やがてものすごい早さで、琵琶を、忘れた。というよりも、必要としなくなった。人びとは、もはや過去のものとなろうとしている琵琶を、足で踏みつぶし、踏み抜きながら、新しい時代へむかって、走った。

明治の動乱には、なにがおこったか。

三味線をとり込んで、バイオリン、それともギターを改造した、新しい楽器などは誰もつくらなかった。

琴をとり込んで、ピアノを改造した、新しい楽器など、誰もつくらなかった。

として、維新の動乱のなかで、（三味線をつくったように）いくつかの楽器を組み合わせて新しい楽器をつくり、三味線や琴をバリバリと踏み抜きながら新しい時代へと突き進んでいたら、どんな新しい芸能が生まれたのだろうと想像する。

## 三味線に代わる楽器は誕生しなかった

しかし、現実はそうはならなかった。林はいう。

そんな「新」楽器は生まれなかった。当然、三味線や琴は、踏みつぶされずに残り、そして、人々はそれを押入れにだいじにしまい込み、いっぽう、新しく渡来した、ピアノやバイオリンを拝跪（はいき）した。

そして、このとき以後、ぼくたちの音楽史は、ぼくたちの音楽の歴史なのか、ぼくたちの国ににおける（ママ）「音楽」の歴史なのか、よく判らないことになってしまうのだ。

信長や秀吉、家康はキリスト教を弾圧する最中に、オルガンやラベーカ（バイオリン）を廃棄した。洋楽は禁止され、闇に葬られたのだ。

徳川幕府は地方にある芸能を禁じたことがある。たとえば「能」である。幕府は地方に残されていたさまざまな能の流派を「四座一流」（観世、宝生、金春、金剛、喜多）を正統な流派として公認する。おそらく地方各地に独自の文化がつくられることを恐れた、あるいは嫌ったのだろうと林は推測している。

第3章で述べたが、明治政府は外国人によって「独立した国に〝国歌〟がないのは不自然」と忠告され、あわてて『君が代』をつくったという経緯があった。明治時代に入りたての日本人の〝国〟という意識・認識は、それぞれの属した〝藩〟であった。

文化も音楽も西洋一辺倒にしないで、藩ごとに独自の文化（音楽、芸能など）をもちつづけることが可能であるなら、明治維新そのものの成り立ちが大きく変化していたと思われる。このような考え方を林光は「坂本龍馬の発想」といった。

アメリカ合州国の政体をモデルにして。つまり、旧藩をそのまま残して、列藩同盟会議を組織する。そのためには、徳川家がゆずって大政奉還をすることが必要なんですけれど、そのあとに、各藩が連合して、ニッポン共和国連邦をつくる。それぞれ旧藩主は領国を統治しつつ、日本全体としては憲法をもち、連邦議会に参加するわけです。

もし、そういうふうな構想どおりに、日本の近代がスタートしていたら、どうなっていただろうか。

仮にこういう構想が現実になったのなら、諸侯は争って西洋の文物を取り入れ、自国の近代化を図っただろう。ただ、その取り入れかたが明治時代の「文明開化」のように、唯一の方法ではなく、藩の数だけやりかたが生まれたのではないか。

ちょうど、幕末に、薩摩藩や長州藩や土佐藩が、それぞれ独自のやりかたで、製鉄所や造船所をつくり、近代化をはかったように、です。

と林はいう。音楽もまたそれまでつづいてきた邦楽を捨て、洋楽一辺倒でいくジャンルもあれば、美術のように和洋併存させたジャンルもあったのではないか。

ぼくたちの近代の音楽史が、ニッポン共和国連邦のもとではじまっていたら、そうして百年を経ていたら、現実の音楽史とはずいぶん異なった様相を呈していただろうし、おもしろかったんじゃないか、と思う。

と林は結んだ。

しかし、現実の日本はこうはならなかった。明治維新には、手っ取り早く洋楽を取り入れた。お雇い外国人音楽家を取り込み、学校教育のための唱歌も、欧米の名曲に日本語の歌詞をつけて教室で歌わせた。

イギリス人音楽家がつくった初代国歌『君が代』を強引に取り下げ、２代目国歌『君が代』を、ドイツ人音楽家の助けを借りてつくりあげた。西洋式の軍隊をつくり、軍楽隊を中心とした「洋楽」へと大きく舵を切った。西洋館の鹿鳴館を竣工させ、毎晩舞踏会を催した。着物から洋服へ、和食から洋食へ、食生活まですべてを西洋式に急変させた。ただしそれは東京をはじめとする大都会だけで、地方へ目を向ければ相も変わらぬ昔ながらの生活が繰り返されていたのだけれど……。

過ぎてしまった歴史に竿を差しても無意味なことかもしれないが、もし、西洋の音楽を排除し、三味線音楽（邦楽）を中心とした音楽教育を取り入れていたら、どうなっていただろうか。

間違いなく、日本は欧米の植民地になっていただろう。それでも「和式」「邦楽」を強行していたら、と思うこともなくはない。「歴史的な必然性から当然の成り行き」といえばそうなのだろうが、おそらく現在のさまざまな不満が、そういう非現実的な渇望感として現れてくるのだろう。

音楽の世界に特化して歴史の一部を検証してきた。「歴史は模倣から生まれる」といった人がいたが、日本にもまた最初から独自に創造し、後世に引き継がれてきたモノ（文化、芸術、産業……）はなかったのかもしれない。

しかし、「なんでも取り込み、それを日本風にアレンジするしたたかな知恵と能力」があった。それはけっして恥ではない。それが日本という島国（日出づる国、辺境の地）の強みなのである。

# おわりに

『陸軍分列行進曲』ほど数奇な運命をたどった行進曲をわたしは知らない。といっても、これはわたしの心のなかだけの問題で、大半の人はなんの関心も示さないだろう。「出陣学徒がなぜ敵性音楽で戦地に送られなくてはならなかったのか」という疑問は、何十年と心から消え去ることはなかった。

シャルル・ルルーは、明治17（1884）年、第3次フランス軍事顧問団（お雇い外国人音楽家）として来日。草創期の日本陸軍軍楽隊の指導にあたり、明治22（1889）年に帰国。その5年の間に、『抜刀隊』と『扶桑歌』という名曲を残した。

「扶桑」とは日本国の異名で、「日出づる国」「太陽」を意味する。実際、ルルーは『扶桑歌』を〈日本国皇帝に献ず〉、つまり明治天皇に捧げた。

本来、ルルーはピアノ曲として作曲した『扶桑歌』を、吹奏楽譜にまとめて明治18（1

８８５）年にパリで出版した。翌年、宮城で陸軍教導団軍楽隊の演奏により日本で初演されている。楽譜には「『FOU SO KA』MARCHE DEFIJLE DE L'AMRÉE JAPONAISE」（『扶桑歌』日本分列行進曲、１８８６年、Ｐ・グーマ社、パリより楽譜出版）と記されている。『扶桑歌』のピアノ譜での演奏（ＣＤ『お雇い外国人の見た日本〜日本洋楽事始』ピアノ演奏前田健治）を聴くかぎりでは、速度記号も指定されているうえに、プレーヤーの気分次第で、間やテンポルバート（楽曲の速度を加減して演奏すること）を自由にとっている。これでは確かに行進曲にはならない。

しかし、吹奏楽譜用にアレンジした場合、２分の２拍子に編曲するのはそれほどむずかしくはない。宮城で初演されたのは、ピアノの『扶桑歌』を、吹奏楽用にアレンジした『扶桑歌』だ。もし、ルルー本人が吹奏楽用にアレンジし、現在演奏されているような行進曲（『陸軍分列行進曲』）に編曲したというのなら、別段問題にすることもない。

問題なのは、ルルーが帰国したあとに、なにものかが吹奏楽用に編曲した『扶桑歌』を無断で改作したということだ。名称もそのときどきでクルクル変わっている。

ルルー白身が明治18年につけた『扶桑歌行進曲』以降、『扶桑歌 分列行進曲』（明治45年）、『観兵式分列行進曲』（昭和２年　独逸ポリドール軍楽隊演奏によるＳＰレコードに、「陸軍省制定」と明記）と改題され、その後も、「観兵式分列行進曲『扶桑歌』」（昭和3年）、などと表記が一定していない。

同じく昭和3年に発売された『扶桑歌』（指揮・近衛秀麿 新交響楽団）と題されたレコードは、完全に『陸軍分列行進曲』そのものである。だとすると、昭和2年の独逸ポリドールレコードの演奏もまた同じ内容の曲と考えていい。

つまり、昭和初頭には『陸軍分列行進曲』として確立していた。「陸軍省制定」とされたのは、ルルーが吹奏楽用に編曲した『扶桑歌』ではなく、その後、大幅に改訂され現在でも『抜刀隊』の曲名で演奏されている『陸軍分列行進曲』だった。

江藤淳の言葉を借りれば、

少くともルルー帰国後の日本では、この曲はほとんど原型をとどめぬまでに改変された。即ち、間もなく「扶桑歌行進曲」の後部が切除されて、その代りに「抜刀隊」がその儘（まま）採り入れられ、その後明治三十五年（一九〇二）になると、「扶桑歌行進曲」の中部もまた切除されて、前奏から直ちに「抜刀隊」の旋律に入るように変更されたからである。

（『南洲残影』、以下同）

とやりたい放題に改作されたことになる。

繰り返し述べるが、シャルル・ルルーは、軍楽の指導を通して日本の近代音楽の普及に貢献したとして、「勲4等瑞宝章」と「勲5等旭日章」を授与された。そのルルーが、「日本国皇帝に献ず」と明治天皇に捧げた『扶桑歌』を、なにものかが影も形もないほど打ち砕き、形状を変えてしまったのだ。明治天皇への冒瀆ではないか。それはひいては孫にあたる昭和天皇への冒瀆にほかならない。改作（捏造）を繰り返してまでも、『陸軍分列行進曲』を完成させた当時の軍部の狙いとはなんだったのだろう。

現在、陸上自衛隊、警視庁、警察庁、各自治体の消防署などの音楽隊で演奏されるとき、さすがに『陸軍分列行進曲』という名称では無理があり、『抜刀隊』、『分列行進曲』、『扶桑歌』という名称で呼ばれることが多い。と思っていた矢先、You Tube で「平成28年度自衛隊記念日　観閲式」を見た。陸上自衛隊の行進がはじまった。いきなり、「『陸軍分列行進曲』により徒歩行進がはじまりました」という場内アナウンスが流れた。それを聞いて驚いた。陸上自衛隊ではすでに、『陸軍分列行進曲』という名称が復活していたのだ。警視庁では、現在でも『抜刀隊』という名称で呼ばれている。警察庁では『扶桑歌』、消防署では『分列行進曲』と呼ばれることが多い。

その都度、名称が変わる背景には、そうしなければならないどこか後ろめたい〝陰〟の部分が秘められていた。それがフランス人のシャルル・ルルーが作曲した行進曲、つまり「敵性音楽」という背後霊を背負っていたからだ。出陣学徒壮行会時、『陸軍分列行進曲』(敵性音楽)の演奏を強行させた、という事実を隠さなければならなかったのだ。

だからといって同じ曲なのに、『抜刀隊』や『分列行進曲』、『扶桑歌』という戦前に呼ばれていた名称が、現在でも一本化されずに生き残って使われているということは、なにを意味しているのだろう。わたしは、『抜刀隊』と『扶桑歌』を作曲したシャルル・ルルーが、自分に無断で「改作(捏造)」した日本陸軍軍楽隊への報復ではないかと思っている。あれほど心血を注いだ陸軍軍楽隊への熱い思いを、こういうかたちで意趣返しされた無念の気持ちが、「背後霊」となってそれぞれの部署に取りついたからとしか思えない。

ただそれほどまでに、出陣学徒壮行会で演奏される行進曲は、『陸軍分列行進曲』しか考えられなかった。日本人のすごいところは、「『抜刀隊』と『扶桑歌』をひとつにすると、完成度の高い行進曲になる」ということに気づいており、即座に実行に移したことだ。「いいものを取り込み、自分のものにしてしまう」。面目躍如である。

興味深い話がある。かつて勤めていた出版社で、「music echo」という中学・高校生向けの音楽雑誌があった。わたしは編集部員として音楽評論家（おもにオペラ関係）宮澤縦一氏と深くお付き合いをさせていただいた時期があった。宮澤氏は戦時中に内閣情報局情報官として、おもにレコードの材料調達や検閲などにも関わった人物である。

あるとき、わたしが『東京音頭』について興味があり、調べていくうちに奇妙な事実があることを伝えたことがあった。宮澤氏は、「『東京音頭』は昭和8（1933）年にレコード化されましたが、ご承知のとおり前年の7年に、丸の内商店会の盛況を祈念して『丸の内音頭』がつくられました。この『丸の内音頭』が大好評だったのです」と教えてくれた。

内閣情報局は、昭和15（1940）年に新設された部署で、それ以前にあった内務省警保局がこの人気に着目した。当時の日本は、満州国建国など軍部による大陸進出を目指していた最中で、どうしても国民の視線を一時的にそらす必要があった。

そこで、翌昭和8年に『東京音頭』と改題して大々的に宣伝。レコード販売枚数120万枚という記録的な売り上げを計上し、国民の目をそらすことに成功したという。「『東京音頭』を全国展開したのも、その心づもりがあったからで、当然、レコードの材料は優先的に回したはずです」ともいった。宮澤さんたち情報局員も警保局員同様、世情の動向を把握し、聖戦完遂のためにはなんでも利用したといった。

敵国の音楽家がつくった『陸軍分列行進曲』の作曲者名を伏せてまで演奏したのは、「目的のためには禁じ手も使う」という元内閣府情報局員の言葉と見事に一致している。

第7・8章にご登場いただいた林光、小泉文夫の両氏も出版社時代に担当編集者としてお付き合いいいただいた先生方である。

作曲家の林光氏に、「わたしの日本音楽史」というタイトルで連載していただいた。林光氏の独特の筆致とシニカルな感覚がときに過激な表現をもたらすことが多く、わたしは編集総務部の部長にたびたび呼び出され、その都度、始末書を書かされた。ただし、挑戦的な表現が若い読者に受け、好評を博した。しかし、連載は雑誌が突然廃刊となり中止の憂き目をみたのだが、後日、晶文社から同名で出版された。

連載中、担当編集者として、わたしも資料集めや構成の相談などのために京王井の頭線池ノ上のお宅にうかがうことが多く、至福のときを過ごさせていただいた。「日出づる国〝日本〟」に残された伝統音楽をひもとくことで、日本人の体内に受け継がれるDNAを垣間見た気がした。

民俗音楽学者であった小泉文夫氏にも、「世界の民俗音楽」というコーナーを執筆していただいた。西武池袋線桜台駅近くのご自宅におうかがいして、収集された世界の民俗楽器を撮影したり、話を交わす機会をいただいた。

当時、わたしは個人的に新潟県高田市（現 上越市）に住んでいた「瞽女」を取材していた。

本文にも出てくるが、瞽女とは、目明きの「手引き」と呼ばれる女性に手を引かれ、村々の家の前で三味線と歌で門付しながら喜捨を受ける盲人女性たちのことを指す。昭和46（1971）年頃、最後の瞽女さんたちが、高田市に住んでいた。昔は全国的に瞽女の組織があり、各地の領主の庇護のもとに集団で生活していた。男の盲人は「当道座」として同様に全国的に組織されていた。そんな瞽女の話に小泉さんは興味をもたれたようだった。

第8章に登場する「胡弓」という楽器は、瞽女の話のなかから出てきた。わたしは、当道座の盲人たちが胡弓を弾いて喜捨を受けたということを知っていた。

それに、團伊玖磨の「久留米かどこかのキリシタン学校で子供たちが六十人あまりヴィオルを弾いて自分（宣教師）を迎えてくれた」（『energy』エナジー対論・第4号「音楽の世界地図」團伊玖磨＋小泉文夫　昭和51年5月発行）という話に、わたしは勝手にアマティかストラディバリウス（どちらもバイオリンの世界的名器）の合奏で宣教師を迎えたのだと思い込んでいた。

キリシタン禁令後、西洋の楽器が完全に廃棄されると、忽然と胡弓という不思議な楽器が登場した。小泉氏が「あれはいわば隠れキリシタンみたいな楽器」と発言されたのを読み、我が意を得たりの心境となった。オラショ（祈り）で使用するというのではなく、胡弓を弾くことで「祈り」に代えていたのだ。やはり「胡弓はバイオリン」だったのだと……。

新国民歌『われら愛す』『大日本の歌』の作詞者芳賀秀次郎氏は、わたしの高校（県立山形南高校）時代の恩師である。昭和35（1960）年、1年時の担任で、第3高等学校

（現 京都大学）寮歌『紅萌ゆる』をもじった『1年2組の歌』をつくり、ホームルームの時間にクラス54人全員で合唱した。

紅萌ゆる　丘の上　五月雨匂う　コマクサの……（あとは思い出せない）

当時、先生は45歳。わたしがモノカキになるとは思わなかったのだろうが、先生に助言された言葉が今でも印象に残っている。「文章を書くというときは、美しい花々、美しい山々……と表現しないで、その花や山が美しいことを、ほかの言葉を用いて表現しなさい。そうすると美しいという言葉がさらに美しくなるよ」と。

芳賀先生とは、その後も「山形新聞」の書評欄で拙著の書評を担当していただくなど、お付き合いをさせていただいた。先生が亡くなる数年前、偶然、山形南高校前でお目にかかった。そのとき先生はわたしに、「南高校はどちらでしたか……」と聞いてきた。わたしは丁寧に母校までお連れした。そのときの先生は、おそらくわたしを教え子とは判断できなかったと思う。

わたしの手元に1冊の小冊子がある。『わが暗愚小傳』（にんげん叢書　ぐるーぷ場）。発行年月は1982年5月20日とある。脱稿年月は「昭和二十四年三月二十一日夜」となっている。書き手の名は芳賀秀次郎先生である。この小冊子をさる方からいただいたのは、母親の介護のために山形に帰省していた時期である。「読むのはいいが、感想を本人や他人に話さないこと」と小冊子をくれた人からも、父親からも忠告された。一読して感じたことは、彼はなぜ小冊子を出版する気になったのだろうか、ということだった。

芳賀先生はこの小冊子を書き上げてから4年後、壽屋が募集した「新国民歌」に、『われら愛す』というタイトルで応募し、見事入選を果たされた。一方、小誌脱稿から11年前の昭和13年10月、NHKが募集した「国民歌謡」にも応募し、これも入選され、橋本国彦によって曲をつけられヒットした。『大日本の歌』と『われら愛す』のあいだに厳然としてあったのは〝終戦〟である。

芳賀先生は、小冊子で、

　私はあの戦争中、あきらかに軍国主義的教育者であり、戦争への心からなる協力者であった。（中略）ただ私は、心から戦争を信じ報道を信じ、勝つために努力したのである。

と告白し、一方で、

　そして八月十五日――

　私はしかし、敗戦の悲しみと言うよりは、むしろ生きのびて平和の日をむかえ得たことについてのある喜び――一種の解放感をもっとも率直な感想としてあの日を迎えていた。

　そして多くの人々のように、私はかわらざる平和主義者であり、かわらざる民主主義者であるかの如き言葉をもって教壇に立っていた。……

――昨日は戦争の情熱に感動し、今日は平和国家の理想に感動する――それが人間の生命をかけた対決を経た革命であり、成長であるならばいい。私は実にやすやすと戦陣訓を愛誦した翌日に、新憲法を語ろうとしている自分を見ないわけには行かない。……

　そしてかかる無節操、かかる厚顔無恥……

すべてが雰囲気であり、感覚であり装飾であった――読書も文学も思想も、ああそしてたった一つ私にとって虚飾的でなかったものは、あの戦争の時代の軍国主義的感動であり行動であったのではないか。

と結論づける。

小冊子に一貫して流れるもの、それを芳賀先生は「刹那の感動」といった。

芳賀先生と同郷で、女声合唱組曲『紅花抄』（芳賀作詞）に曲を提供した作曲家の服部公一氏に、芳賀先生との関わり、人間性などを取材したことがある。服部氏は芳賀先生の生真面目さ、勤勉性、責任感の強さを強調しながら、「私が弾くピアノで、『大日本の歌』を楽しそうに歌いましたよ」と述べた。

自分が作詞した曲を歌う。それが軍歌であろうとなかろうと、自身「軍国主義的教育者であり、戦争への心からなる協力者であった」という忸怩（じくじ）たる思いを抱いていたとしても、なんら問題ではない。ただ、小誌脱稿の4年後に、『われら愛す』と題してなぜ応募したのか。この件については直接恩師に聞く機会がなかった。

『われら愛す』の2番に「かなしみの　ふかければこそ」という歌詞がある。生井弘明は、

『「われら愛す」憲法の心を歌った〝幻の国歌〟』のなかで、

この「かなしみ」は芳賀の「かなしみ」であると同時に、戦中、戦後を生きた私たちの「かなしみ」である。狂気の戦争を支持し、手のひらを返すように戦後の民主主義を謳うという主体性のなさ、常に強いもの権威あるものに唯々諾々として追従していく人間の弱さ、これを人間の「かなしみ」と表現したのかもしれない。

と説く。

そうかもしれない。この「かなしみ」は確かに芳賀先生の「かなしみ」でもあるのだろう。

ただ、『大日本の歌』を作詞した芳賀先生が、終戦後、「新国民歌」に応募し、『われら愛す』を作詞したその流れが、わたしにはどうしても理解できないのだ。

日本という国、日本人という国民性を、おもに音楽の視点からとらえてみた。「諸外国のいいところを取り込み、日本的にアレンジする」というしたたかさをもつ日本人ゆえに、幾多の難局をのり切ることができたという事実がある。「模倣は美徳」なのである。

それでも、新しくつくり替えられた国立競技場で77年前の10月21日、『陸軍分列行進曲』で行進し、戦場に送られた学徒がいたことをわたしは忘れない。

最後に本書を書くにあたり、資料の提供や適確な助言で鼓舞してくれたキングレコードの元社員でCD『君が代のすべて』などを制作した石川宏平氏、なにより鬼籍に入られた宮澤縦一、林光、小泉文夫の各氏には大変お世話になりました。

そして、永年の悲願だったわたしの企画を実現できる機会を与えてくれた平凡社、今回も適確な助言をいただいた平凡社新書編集部の和田康成氏には、この場をお借りして深く謝意を表します。

「TOKYO 2020 OLYMPIC AND PARALYMPIC GAMES」が1年後に延期されたことを聞いた日に

大山眞人

## 参考文献・CD


・『日本軍歌全集』(長田暁二編 音楽之友社)
・『明治文学全集60 明治詩人集（一）』(外山正一ほか 筑摩書房)
・『洋楽導入者の軌跡―日本近代洋楽史序説―』(中村理平 刀水書房)
・『唱歌と十字架 明治音楽事始め』(安田 寛 音楽之友社)
・『国歌と音楽――伊澤修二がめざした日本近代』(奥中康人 春秋社)
・『唱歌と国語――明治近代化の装置』(山東 功 講談社選書メチエ)
・『和洋折衷音楽史』(奥中康人 春秋社)
・『幕末鼓笛隊 土着化する西洋音楽』(奥中康人 大阪大学出版会)
・『ふしぎな君が代』(辻田真佐憲 幻冬舎新書)
・『日本の軍歌 国民的音楽の歴史』(辻田真佐憲 幻冬舎新書)
・『南洲残影』(江藤 淳 文春文庫)
・『ヂンタ以来(このかた)』(堀内敬三 アオイ書房)
・『文明開化』(飛鳥井雅道 岩波新書)
・『鹿鳴館』(飛鳥井雅道 岩波ブックレット)

・『「君が代」肯定論』（長部日出雄 小学館101新書）
・『日の丸・君が代の戦後史』（田中伸尚 岩波新書）
・『君が代の歴史』（山田孝雄 宝文館出版）
・『三つの君が代――日本人の音と心の深層』（内藤孝敏 中央公論社）
・『「君が代」を歌いますか？ あなたにとって国歌とは』（山岸 秀 早稲田出版）
・『国歌斉唱「君が代」と世界の国歌はどう違う？』（新保信長 河出書房新社）
・『国のうた』（弓削匡純 文藝春秋）
・『国旗・国歌の世界地図』（21世紀研究会編 文春新書）
・『日本音楽の歴史』（吉川英史 創元社）
・『日本の唱歌（上 明治篇）』（金田一春彦・安西愛子編 講談社文庫）
・『日本の唱歌（中 大正・昭和篇）』（同）
・『日本の唱歌（下 学生歌・軍歌・宗教歌篇）』（同）
・『私の日本音楽史』（團 伊玖磨 NHKライブラリー）
・『空気の研究』（山本七平 文春文庫）
・『日本辺境論』（内田 樹 新潮新書）
・『美酒一代 鳥井信治郎伝』（杉森久英 新潮文庫）
・『やってみなはれ みとくんなはれ』（山口 瞳・開高健 新潮文庫）
・『新しきこと 面白きこと サントリー・佐治敬三伝』（廣澤 昌 文藝春秋）

・『飢えた孔雀 父、村野四郎』（村野晃一 慶應義塾大学出版会）
・『体操詩集の世界――村野四郎』（芳賀秀次郎 右文書院）
・『わが暗愚小傳』（芳賀秀次郎 にんげん叢書 ぐるーぷ場）
・『話のソナチネ』（服部公一 河北新報出版センター）
・『「われら愛す」憲法の心を歌った〝幻の国歌〟』（生井弘明 かもがわ出版）
・『わたしの日本音楽史』（林 光 晶文社）
・『江戸の音』（田中優子 河出文庫）
・『秀吉が聴いたヴァイオリン』（石井 高 三信文庫）
・『私の音楽談義』（芥川也寸志 ちくま文庫）
・『音楽の世界地図 團伊玖磨＋小泉文夫』（energy）
・『幕の内弁当の美学』（栄久庵憲司 ごま書房）
・『ニッポン・シャンソンの歴史』（菊村紀彦 雄山閣）
・『別れのブルース 淡谷のり子――歌うために生きた92年』（吉武輝子 小学館文庫）
・『昭和二万日の全記録』第5・6巻（講談社）
・CD『君が代のすべて』（キングレコード）
・CD『お雇い外国人の見た日本～日本洋楽事始』（同）
・CD『復刻版！ 戦前日本の名行進曲集～陸軍軍楽隊篇』（同）

【著者】
大山眞人（おおやま まひと）
1944年山形市生まれ。早稲田大学文学部卒業。出版社勤務を経て、ノンフィクション作家。おもな著書に『取締役宝くじ部長』『S病院老人病棟の仲間たち』（ともに文藝春秋）、『悪徳商法』（文春新書）、『銀座木村屋あんパン物語』『昭和大相撲騒動記』『団地が死んでいく』『親を棄てる子どもたち』（以上、平凡社新書）、『宝くじ戦争』『スタインウェイ戦争』（共著、ともに洋泉社新書y）、『わたしは瞽女』『ある瞽女宿の没落』『高田瞽女最後』（以上、音楽之友社）などがある。

平凡社新書953

『陸軍分列行進曲』とふたつの『君が代』
出陣学徒は敵性音楽で戦場に送られた

発行日——2020年8月11日　初版第1刷

著者——大山眞人

発行者——下中美都

発行所——株式会社平凡社
東京都千代田区神田神保町3-29　〒101-0051
電話　東京（03）3230-6580［編集］
　　　東京（03）3230-6573［営業］
振替　00180-0-29639

印刷・製本—株式会社東京印書館

装幀——菊地信義


ISBN978-4-582-85953-9
NDC分類番号762.1　新書判（17.2cm）　総ページ216
平凡社ホームページ　https://www.heibonsha.co.jp/

平凡社新書　好評既刊！

415 団地が死んでいく　大山眞人
建物は老朽化し、町は老い、孤独死が頻発する……。団地再生の鍵をさぐる。

483 ノモンハン事件　機密文書「検閲月報」が明かす虚実　小林英夫
関東憲兵隊の検閲資料から言論統制の実態を明らかにし、事件の虚像を剝がす

561 小栗上野介　忘れられた悲劇の幕臣　村上泰賢
混乱にあった幕末期の日本の構造改革に尽くした、小栗上野介の功績を振り返る。

620 被ばくと補償　広島、長崎、そして福島　直野章子
被爆者の歴史を繰り返さないために、その批判的検証から福島の未来を考える。

746 靖国参拝の何が問題か　内田雅敏
靖国神社参拝問題の本質は、昭和の戦争を聖戦化するこの神社の歴史認識にある。

818 日本会議の正体　青木理
憲法改正などを掲げて運動を展開する〝草の根右派組織〟の実像を炙り出す。

901 ミステリーで読む戦後史　古橋信孝
ミステリー小説は戦後社会をどう捉えてきたか？　10年単位で時代を振り返る。

904 親を棄てる子どもたち　新しい「姨捨山」のかたちを求めて　大山眞人
高齢者のためのサロンを運営する著者が、「棄老」に至る現場のリアルを伝える！

新刊、書評等のニュース、全点の目次まで入った詳細目録、オンラインショップなど充実の平凡社新書ホームページを開設しています。平凡社ホームページ https://www.heibonsha.co.jp/ からお入りください。